正確努力法

解鎖高效人生的100個關鍵

野村礼雄

前言

23歲，無業。蝸居在房租兩萬七千日圓，屋齡二十年的公寓中。過著每天生活費不到兩百日圓的每一天。

七年後的今天。

30歲，經營者。X（Twitter）追蹤人數達十七萬七千三百五十九人。總公司位於橫濱港未來，成為株式會社WEBROCKET的代表董事。

能學習如何運用X（Twitter）的網路社群「Growth Room」，正式釋出三個月後，總會員數已超過四百名。

這就是七年前曾無業的我的現況。

掉到谷底的七年前，我開始做一件事。那就是不斷，不斷，不斷地閱讀商業書籍。我看了超過一千本的書，徹底分析、學習成功人士都做什麼事，又擁有什麼樣的習慣。然後在X（Twitter）上以圖解方式介紹內容，並獲得四萬個讚等巨大迴響。

「成功靠的是運氣」、「只不過剛好生在有錢人家」。確實，有些人的運氣是比較好。

但真的是這樣嗎？成功靠的真的全是運氣嗎？

在徹底分析過一千本商業書籍後，我敢斷言。「成功是努力的結晶」。不過成功人士與無法成功的人之間，有一個關鍵的差異。那就是「做出的努力是否正確」。僅此而已。

「努力卻未獲得回報」、「無法融入社會」。正因七年前的我是如此，所以我都懂。

本書將介紹一路走來，實際改變我人生的一百個「正確努力」。大概三個月就能夠全部實踐。透過持續實踐，你的人生將一天一天慢慢變好。而五年後，你一定會站在與現在截然不同的位置上。

接下來我希望能在介紹自己經歷的同時，介紹這本書的內容。書中的方法，都是我想告訴那些覺得自己的努力並未得到回報的人，以及當時痛苦掙扎的我的方法。

■在岐阜的鄉下生活了十八年。在周遭沒有任何經營人士、在上市公司工作的人、明星大學畢業生的環境下長大。

□請翻到：達成理想人生「了解自己」的努力（P76）。其中有寫到不要被環境影響，「做自己想做的事」，跨出那一步的方法。

■在出社會後的第一年，我當上了高中數學老師，年收入約為四百萬日圓。此時我達成夢想，終於成為了一個老師。但等著我的卻是日本的「教職調整額」制度。即使上班時間前，及下班後加班、假日上班，都不會有加班費。由於感到自己的努力都未獲得回報，以及龐大的工作量，讓我精神上無法負荷，而選擇了離職。

□請翻到：改善人生「職涯發展」的努力（P62）。試圖改變公司的制度、風氣，努力往往都會成為枉然。增加知識，轉職到有前景的市場才是正確的做法。

■大學畢業一年後我就面臨了無業狀況。為了解決現況，我試著挑戰網路上找到的遊戲實況主工作，以及販售商品的工作，卻一一以失敗作收，並漸漸消耗我的存款。收入為負，存款不斷減少又無業，是我人生中最絕望的時刻。

□請翻到：讓心安定下來「寫在紙上」的努力（P238）。當時的我非常不安，遇到什麼事都往負面思考。無論再怎麼大的問題，都應該先寫出來。將大問題細分成小問題。

■27歲再度就業，也因無法負荷每個月幾十個小時的加班，以及工作龐大的壓力而被壓垮。漸漸我開始無法通勤上班，被精神科診斷為罹患適應障礙，因而停職。我對於無法適應社會的自己，以及努力卻無法獲得回報的社會機制感到不解，再度無業。

口請翻到：脫離充滿不滿的每一天「找到重心」的努力（P88）。當沒有自己的重心，即便對現在身處的環境有所質疑，仍只能持續做自己討厭的工作。要脫離那種狀態，必須靠「人生的重心」。而「喜歡的事」、「強項」、「價值觀」則能引導我們確立「人生的重心」。

此後，我確立了「自己的重心」，一一實踐「正確的努力」。然後成為個體經營者，及自營業主。

在各章的結尾，都會放上我個人的故事。希望大家能因此產生「即使身處絕望的狀況下，還是有人能振作，自己也出現努力動力了」的想法，並帶給你挑戰的勇氣。

本書無需從頭開始讀起。

本書中包含重新審視人生的大主題，到「表達方式」、「設定ＴＯＤＯ清單的方法」、「存錢的方法」等。請從今天就開始實踐，直到看見成果。因為這是我讀過一千本商業書籍，並經歷谷底翻身後，以個人經驗為基礎所寫下的書，充滿了「能確實改變人生、有效率的努力方式」。

希望大家能翻閱本書，根據自身情況，從比較容易實踐的方法開始嘗試。一起加油吧！

目錄

第2章 人際關係・說話方式・聆聽方式

第3章 學習・吸收・輸出

第4章 動力・習慣・環境・人生

第 1 章

職涯・錢・工作方式

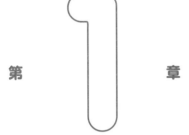

1 不被電子郵件搞得手忙腳亂「設定回信限制」的努力

打破必須立即回覆的制約

意外地，很多人有「收到電子郵件後必須快點回覆！」的迷思。只要打破這個迷思，就能提升工作效率。根據英國哥倫比亞大學的研究可知，「限制自己一天只能看三次電子郵件的人，壓力比想看就去看的人小很多」。

透過將回覆電子郵件的時間訂為一天三次如早、午、晚等時段，讓我們有更多時間能專注於必須處理的工作上。例如在12點的會議前，花10分鐘回電子郵件等等。由於能活用空檔時間，就能更快速回覆，因此我相當推薦。

正確的努力　決定回電子郵件的時間，一口氣回覆

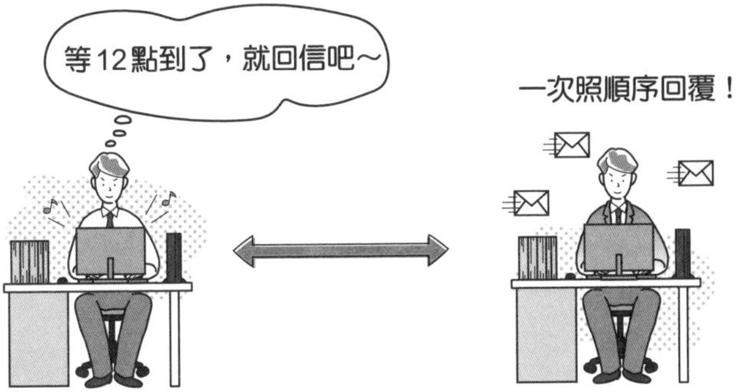
等12點到了，就回信吧～
一次照順序回覆！

錯誤的努力　常常確認信箱，想立刻回覆

要是又有電子郵件，
就得立刻回覆！
工作完全沒有進度…

2 創造有意義的時間

「把會議當作自己寶物」的努力

在會議上，務必發表自己的意見

一場會議，不需要不發言的人參加。好不容易湊出大家的時間，若一句話也不說，只會坐著的人，可說是毫無價值可言。若是如此，不如不參加會議，把時間用來處理原本的工作，對公司還比較有貢獻，也能提升此人的價值。會議存在的意義在於大家能提出自己的意見，讓這段時間更具生產性。雖說如此，但資歷較淺的人應該都不太清楚應該在會議上說些什麼吧？其實只要針對自己不明白的地方詢問即可。因為其他人可能也會抱持疑問，透過詢問能讓大家更深度探討，藉此產生新的想法。

正確的努力　積極參與會議，提出自己的意見

錯誤的努力　只是坐著聽別人說話

3 讓報告發表成功「不追求完美」的努力

追求一切順利反而更容易失敗

豐田汽車的社長豐田章男先生在公司內部的刊物中，針對「成功發表報告的訣竅是什麼？」的問題，回答：「人在人前表現時，難免會出現『不好意思』，或是『想表現得很瀟灑』的氛圍。我唯一的建議就是把這些想法都拋開，會輕鬆許多喔。」也就是說在發表報告時，最重要的就是不要有「我想報告得很瀟灑」、「我一定要報告得很順利！」的情緒。我想大家都希望能和史帝夫賈伯斯一樣帥氣地發表，但把這種想法拋開是第一要務。然後只要以最自然的狀態發表，便能順利。

正確的努力　失敗也沒關係，表現最自然的自己

稍微失敗
也沒關係的！

錯誤的努力　想表現完美，腦中只想著不要失敗

我不允許任何失敗，
必須表現完美才行⋯

4 掌握製作資料的訣竅「簡化」的努力

讓內容變簡單，思考故事性

製作ＰＰＴ等資料時，最重要的就是要簡明易懂。許多人容易犯下一個錯誤，就是會將所有想傳達的事物都一股腦塞進資料中，反而沒能將真正想傳達的事情傳達出來。製作資料時，主要有三個重點。①一張簡報，傳達一個訊息。②由於會加上口頭說明，簡報中需放上最少的資訊。③想好一個故事，讓受眾在聽完整份報告後，能接收到一個訊息。只要注意到這幾點，就能完成一份簡單又漂亮的資料了。製作資料時，果斷刪去不必要的資訊也相當重要。

正確的努力　針對想傳達的事，有簡單、明確的故事

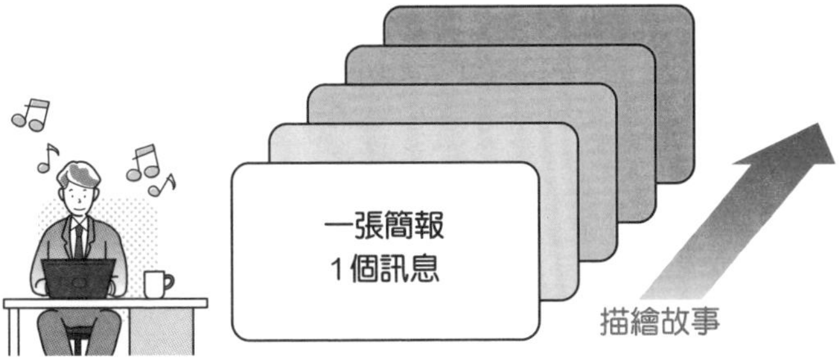

錯誤的努力　放入過多想傳達的事

5 讓文章大幅改善「刪減」的努力

刪去多餘的部分，讓文句變得更簡單

「簡單易閱讀，讓人能輕易讀出想表達的訊息」是構成好文章的條件。無論是交給上司的報告、給客人的信件，還是推特等社群媒體的發文都一樣。許多人容易誤會，認為「增加元素和內容，變成長文比較好」。但其實元素愈多，愈容易模糊原本想傳遞的訊息。因此寫出簡明易瞭的文章非常重要。

那麼，到底該如何寫出好文章呢？那就是「將拿掉也不會影響語意的內容刪掉」。這麼做，就能讓文章變得更簡單好懂。

正確的努力　把多餘的話語刪去，文章將變得簡單好閱讀

即使刪掉這裡，
意思也能通！

〈例〉

有閱讀習慣的人，更容易實現自我。例如若想成為「有錢人」，最好的方法就是學習富豪的思考模式和行為。~~直接問富豪很難，但看書就能輕鬆了解~~。我也是因為從經營者的書中學習，而讓成果提升了好幾倍。~~想要實現自我的人~~應先養成閱讀習慣。

錯誤的努力　想讓內容更豐富，先增加文章長度再說

光這樣寫，
可能會看不懂⋯

〈例〉

有閱讀習慣的人，更容易實現自我。例如若想成為「有錢人」，最好的方法就是學習富豪的思考模式和行為。直接問富豪很難，但看書就能輕鬆了解。我也是因為從經營者的書中學習，而讓成果提升了好幾倍。想要實現自我的人，先養成閱讀習慣非常重要。若說得更詳細一點，光是讀書還不夠，將學習到的東西運用在行動上要更為重要⋯

6
重視效率
「不同步進行」的努力

不多工處理，反而能提高生產性

許多人在工作時，常常會「多工處理」。請立刻戒掉「多工處理」。根據美國心理學會的研究表示，「多工處理會比單工處理多花40％的時間。若是複雜的處理，則會花上更多時間」。多工處理極度缺乏效率，請立刻停止。

我們的大腦無法同時專注於兩件事情上。當注意力在兩件任務間來回，大腦將感到疲憊，使專注力下降。如此一來，效率將會愈來愈差，陷入負面循環。請以30分鐘為單位區隔，一次專注於一個工作上吧。

正確的努力　單工處理，一次專注於一件事情上

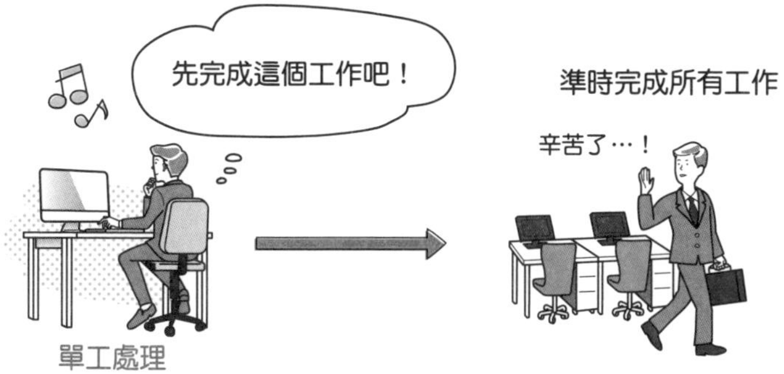

先完成這個工作吧！
準時完成所有工作
辛苦了…！

單工處理

錯誤的努力　多工處理，同時思考許多事情

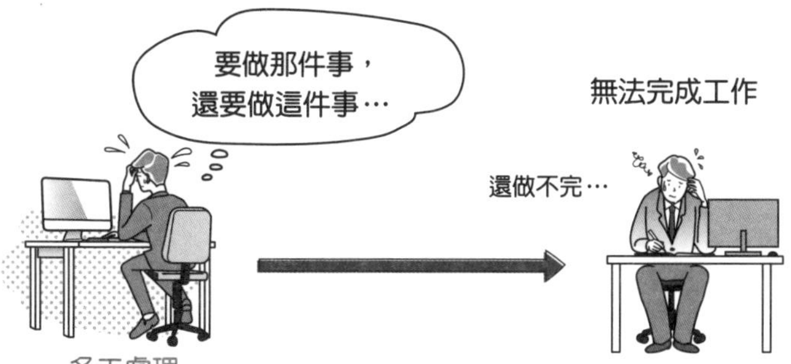

要做那件事，
還要做這件事…
無法完成工作
還做不完…

多工處理

7 維持專注力「分割作業時間」的努力

重複短時間作業，維持專注力

我們不可能持續專注好幾個小時。專注力高的人差不多60分鐘，最長也就90分鐘。許多人應該也有相同的經驗，就是在專注工作後，休息個20分鐘左右，「反而難以回到工作狀態」。為了避免這種情形，應該將作業時間切割得短一點，並在那段時間中專注於眼前的工作。此時，我會使用「番茄鐘工作法」。將一次的作業時間設定為25分鐘，在這25分鐘內，專注於一項工作，不做其他事。然後將休息時間設定為5分鐘，而休息時間就只能休息。只要重複這個循環，就能時常維持高專注力。

正確的努力　分割時間為較短區間，專注於眼前的工作

專注於工作25分鐘

番茄鐘工作法

重複

休息5分鐘

錯誤的努力　工作時不注意時間

專注於工作，
直到失去專注力

即便疲累，
還是繼續處理工作

8 累積知識

「利用空檔學習」的努力

使用空檔的方式將改變人生

如通勤時間、午餐後、等人的時間等等，我們的一天之中其實有許多的空檔。請試著計算自己的空檔時間大概有多久，應該許多人一天都會有兩到三小時左右的空檔，有些人甚至更多，這些時間很可觀吧？以年來計算的話，約莫是七百至一千小時。以一本可以七小時讀完的書來計算，一年可以多讀一百至一百五十本書。

根據利用的方式的不同，這些許多人未注意到的空檔，可能改變你的人生。因此請從即刻起思考，要用明天的空檔來學習什麼吧。

正確的努力　利用空檔學習，累積知識

現在剛好有空，
來看我一直想看的書吧～

一天2～3小時
一年700～1000小時

學習機會

錯誤的努力　漫無目的地看社群，打發時間

反正要等車，
我來看一下社群好了…

一天2～3小時
一年700～1000小時

打發時間

9 湧現動力「開始10秒」的努力

只要跨出那一步，就會自然湧現動力

有些人會說：「等我有動力再加油吧」。但光是等，一輩子都不會有動力的。甚至應該要預設原本就沒有動力這個東西。動力反而往往是在做的過程中，才會慢慢湧現，讓我們得以集中心力。因此，無論什麼事，什麼方法，最重要的都是「開始」。

而此時，我希望大家能注意「開始的10秒」。只要在這十秒傾注全力，開始作業，就能持續專注。最重要的是，跨出第一步。只要跨出去，動力就會自然湧現。

正確的努力　專注於開始的10秒，總之先跨出第一步

努力撐過這10秒！　　　　動力慢慢出現

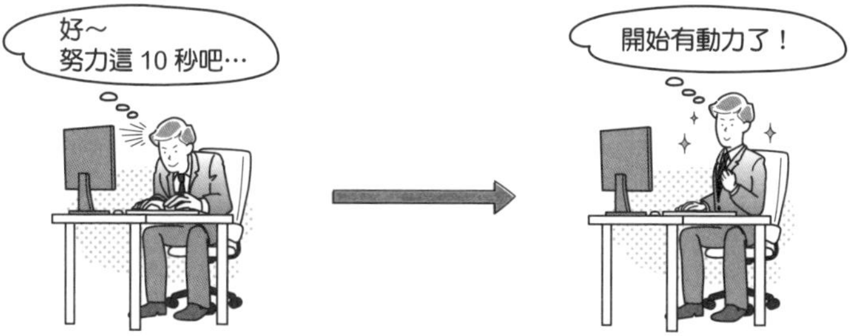

錯誤的努力　等待動力出現，遲遲難以開始作業

等待動力出現　　　　看心情決定
是否開始作業

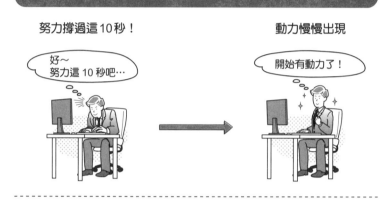

10 恢復專注力「打造自己儀式」的努力

事先設定屬於自己的規則，以備專注力消失

即便再專注，有時仍會在某個瞬間突然失去專注力。應該很多人甚至就此荒廢了好幾個小時。為了避免這種情形發生，活用「if＋then法則」，設定自己的規則吧。例如事先想好「若失去專注力，就做○○」，設定好屬於自己的「儀式」，以便迅速恢復專注。例如我就是「若失去專注力，就用計時器設定5分鐘在辦公室裡走走」。因此當計時器時間到的鈴聲響起，我就能立刻回到專注的狀態。「if＋then法則」可以用在許多場合，非常推薦。

正確的努力　若失去專注力…設定好屬於自己的儀式

當失去專注力

用計時器設定5分鐘，
起身走走

錯誤的努力　散漫休息，等待動力出現

當失去專注力

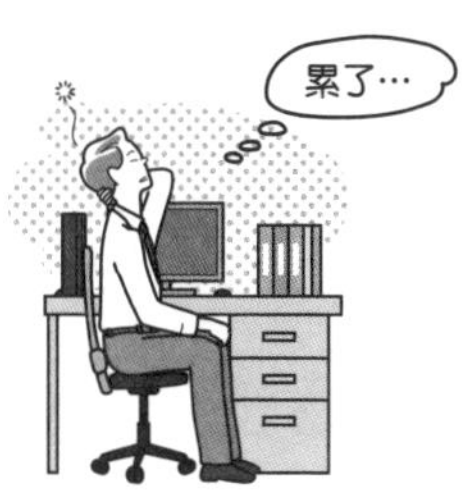

散漫休息

11

預防停滯「不推遲」的努力

能在30分鐘內處理完的工作，應當下處理

許多人無法有效率地處理工作的原因之一，在於「能立刻處理好的工作也選擇推遲」。只要注意到的事情變多，大腦就會開始感到疲累。若連能輕鬆解決的工作都推遲的話，這件事就會一直盤據在大腦中，光是如此都會使我們感到疲累。如此一來，也會對正在處理的工作造成不好的影響，進而使我們會花更多時間在推遲的工作上。

必須做的工作就應立刻處理。特別是能在30分鐘內處理完的工作，若能在當下解決，就能讓工作時保持愉悅心情，請嘗試看看。

正確的努力 若能在30分鐘內完成，就應當下處理掉

麻煩幫我
做這份資料！
感覺可以在
20分鐘內完成！
我知道了！
立刻處理解決
完成了！

錯誤的努力 想著「等下再做」，工作累積得愈來愈多

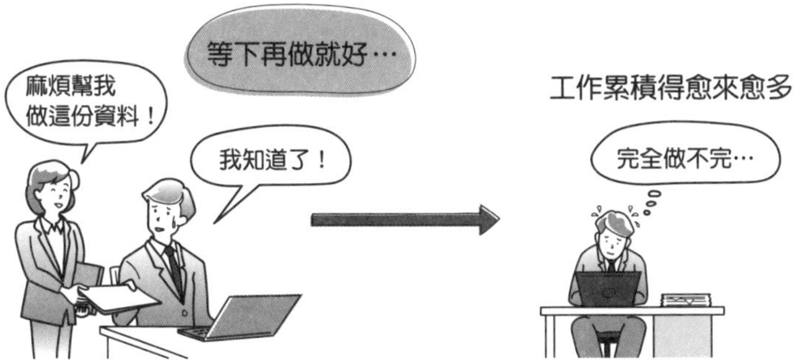
麻煩幫我
做這份資料！
等下再做就好⋯
我知道了！
工作累積得愈來愈多
完全做不完⋯

12

改善人生「不加班」的努力

準時下班，提升生產力，讓人生更充實

你是否有遵守「工作時間」呢？其實若保有要準時下班的想法，就能「讓工作的截止時間變得更明確，提升生產力」、「清楚劃分工作的開始與結束」、「增加閒暇時光，讓人生更充實」，好處多多。那我們該怎麼做，才能準時下班呢？有三個訣竅，那就是「寫出當日待辦事項清單」、「負荷較重的工作在上午處理」、「擁有要在下班前完成任務的意識」。這些方法十分有效。拒絕拖拖拉拉花長時間工作，改成運用這些訣竅，在短時間內集中精神完成工作，把準時下班當作目標吧！

正確的努力　每天都準時下班，改善人生

【準時下班，改善人生的循環】

在白天全力工作
辛苦了～
準時下班
享受下班時光
人生變得充實
好幸福～

錯誤的努力　拖拖拉拉的加班，工作時間愈來愈長

【不準時下班，陷入負面循環】

白天工作消極
唉…
工作無法結束，
散漫地加班
辛苦了～
休息時間很少，
無法好好享受
人生過得不充實
不應該
是這樣的…

13 不知加班為何物「有效運用午休時間」的努力

午休是恢復的時間，以面對下午的工作

你是否也曾在完成上午的工作後，為了把握午休這段自由時間，而不斷盯著電腦和手機畫面呢？但一直盯著電腦和手機畫面，並無法讓我們從疲勞中恢復，反而會使我們更加疲勞。最終導致我們無法投入下午的工作，無法發揮應有的表現，導致加班，帶著一身疲累回家。許多人都落入了這個陷阱，而這全都是源自於午休的利用方式。為了讓身體狀態恢復，在午休時讓大腦與眼睛好好休息非常重要。我建議可以稍微活動身體，以及睡15分鐘的午覺（補眠）。不用睡很久，只要閉目養神便足以讓我們恢復專注力。

正確的努力　稍微運動及午睡，讓身體恢復

稍微運動及午睡，
好好休息

下午也能有
好表現

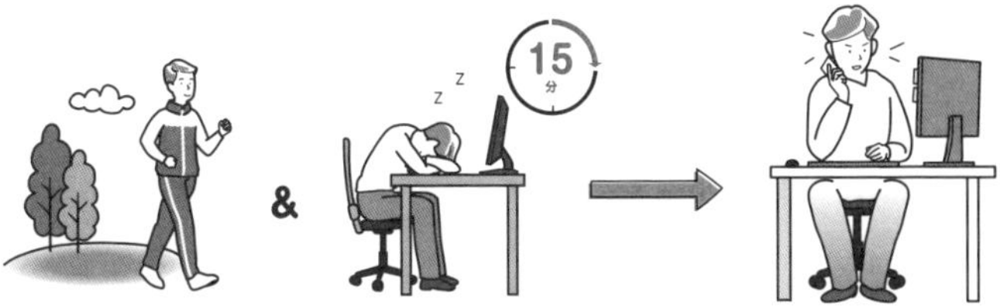

※ 午睡 15 分鐘

錯誤的努力　悠閒地看 YouTube 等等

悠閒地
看 YouTube 等影片

身心更疲勞，
表現變差

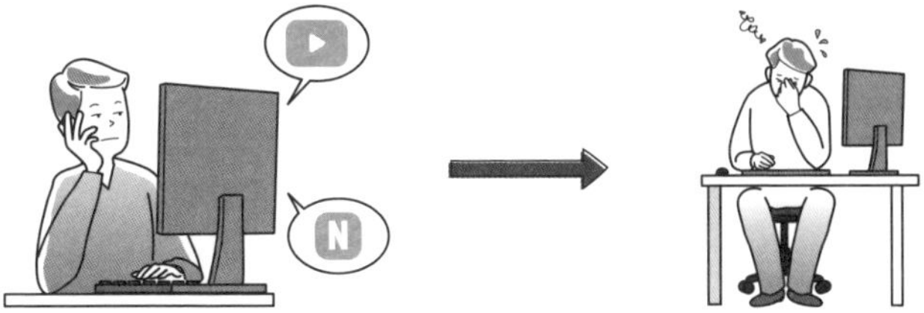

14 拯救明天的自己「收工前小準備」的努力

利用下班前最後10分鐘，改變隔天的工作效率

要提升隔天的工作效率，我建議可以好好利用工作結束前的10分鐘「做隔天的準備」。而必須做的事只有①決定隔天的工作計畫、②整理工作環境，事先準備好隔天需要使用的物品。只要做好這兩項，就能讓我們在專注力最高的早上，立刻專注於重要的工作上，徹底活用時間。接下來一整天的工作都會變得更順暢。

也有許多人會在一早決定當日工作計畫及TODO清單，但我建議在前一天作業會更好。因為早上是大腦運作最活躍的時候，若用來做準備作業就太浪費了。因此預先做好準備，讓隔天早上能神清氣爽的開始工作吧。

正確的努力 決定好隔天TODO清單和工作計畫再下班

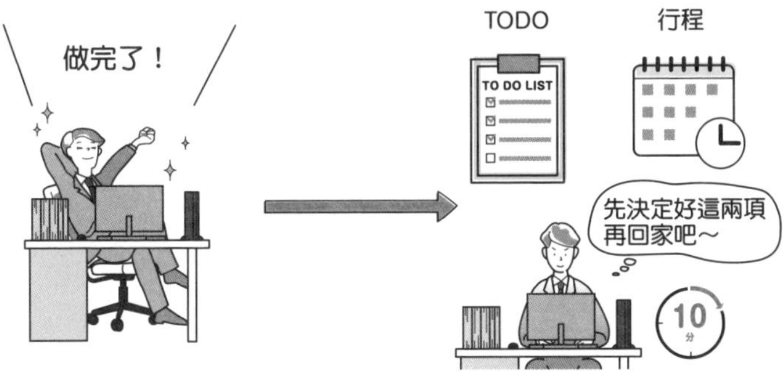

錯誤的努力 結束當日工作後立刻回家

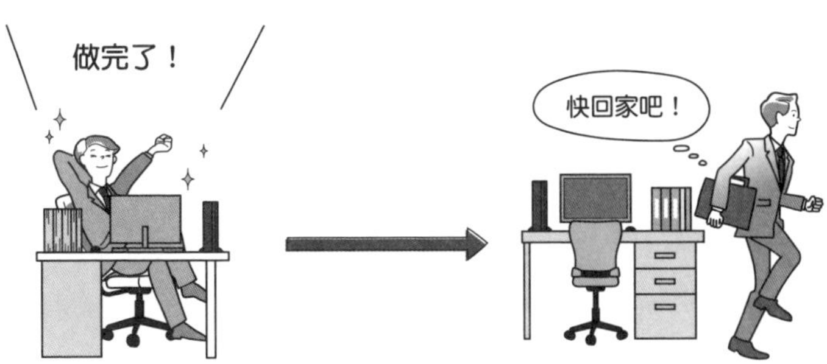

15 抓住機會「活用聚餐」的努力

聚餐才是真正能讓人成長的場合

在現今的時代，常有人說「年輕人都不願意參加聚餐」。我個人則認為應該積極參加和主管及前輩的聚餐。因為那些在職場上難以開口商量，或不方便詢問的事情，往往都能趁聚餐時大方詢問。能開誠布公談話的機會非常珍貴，有時一次聚餐就能為我們帶來許多成長。慎選同行的對象固然重要，但若不參加，錯失成長機會也相當可惜。而這當然不僅限於聚餐，是否能妥善運用機會要看個人造化。其中最重要的就是事前準備。先在聚餐前想好要討論什麼、詢問什麼，就能讓聚餐變成一段十分有意義的時光。

正確的努力　聊聊只有在聚餐時能問的事情

〇〇小姐工作第 1 年時
感覺如何呢？
我在工作第 1 年時，
完全不得要領…

錯誤的努力　排斥與主管聚餐

要不要邊喝邊聊啊？
我有點忙，
今天就先不去了。

16 獲得好評「超乎期望」的努力

當超越對方的期望值，就會受到信任

在商務場合，常常存在著所謂的期望值。也許是客人對你工作表現的期望，也可能是主管對你的期望。只要持續超乎期望值，就會獲得好評。

而要超乎期望值，我們必須先知道對方的期望值。此時最重要的是去思考「對方所期望的成果是什麼」。若做不到這點，就無法達到對方的期望。藉由了解對方所期望的成果，並加以調整，評價就更容易提升。

正確的努力　掌握對方的期望值，並想辦法超越

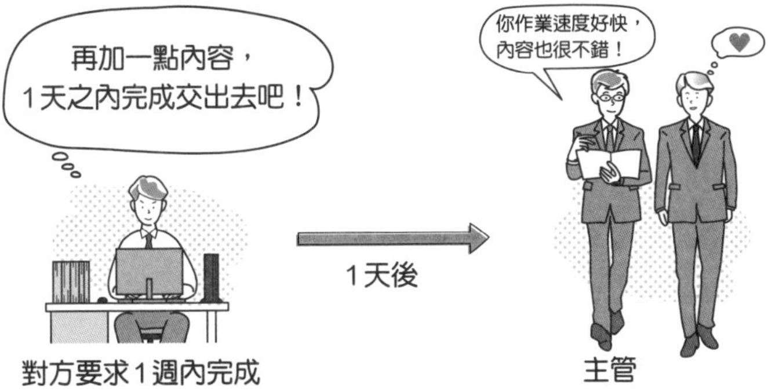
再加一點內容，
1天之內完成交出去吧！
1天後
你作業速度好快，
內容也很不錯！
對方要求1週內完成
主管

錯誤的努力　不思考對方的期望，對方說什麼就做什麼

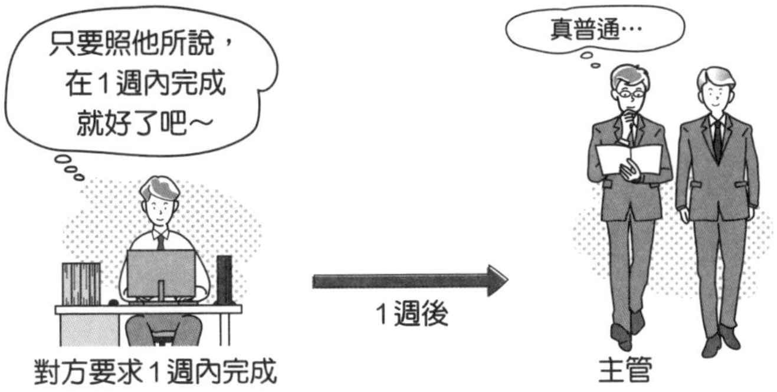
只要照他所說，
在1週內完成
就好了吧～
真普通…
1週後
對方要求1週內完成
主管

17 獲得成效「反覆問為什麼？」的努力

時常以金字塔原則思考

為解決問題和在工作上交出成績，必須具備邏輯思考的能力。邏輯思考就是「有系統地整理某個現象，並依道理思考。」光這麼說，大家聽了可能會覺得很困難。而簡單實踐的方法，就是思考「為什麼」，並畫出「金字塔」。例如針對A現象，思考「為什麼？」然後理出A1、A2、A3等答案。接下來，再針對這三個答案思考「為什麼？」接下來再理出九個答案。以此類推，直到心中再也沒有「為什麼？」。如此一來，便能整理出所有與現象相關的事情，並整理出脈絡，找到最好的答案。

正確的努力　反覆問「為什麼？」用金字塔原則思考

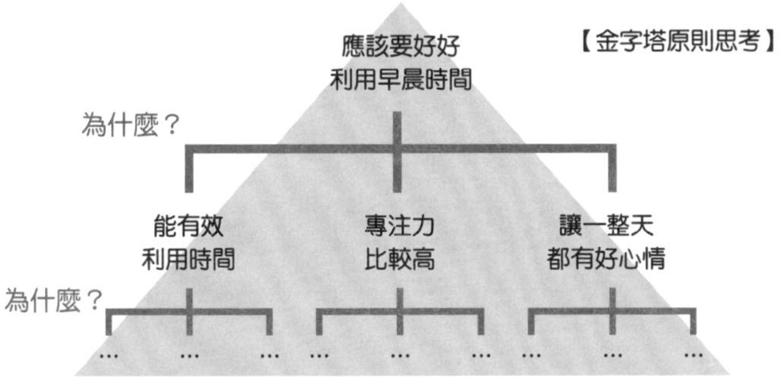

錯誤的努力　只想一個原因

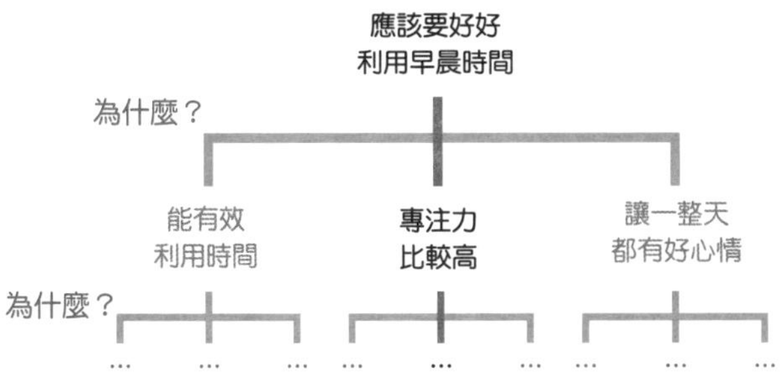

18 引導你解決問題「面對事物本質」的努力

養成看見問題核心的能力

解決問題時最重要的，就是「看清楚根本的問題」。許多人都做不到這點，只看到表面的問題。例如發生「房間很快就亂了」的問題時，「整理房間，把房間弄乾淨就好了」只解決了表面的問題。如此一來，房間很快又會變亂了吧。若要解決根本的問題，應該要找出「為什麼再怎麼收，房間都會變亂呢？」的原因，進而改變生活習慣。如此一來，便能解決根本的問題，避免反覆發生相同的錯誤。由於是本質性的問題，往往和其他發生的狀況有相關連之處，有機會因此解決各式各樣的問題。

正確的努力　正確找出問題，從根本的原因解決

錯誤的努力　當下解決表面上的問題

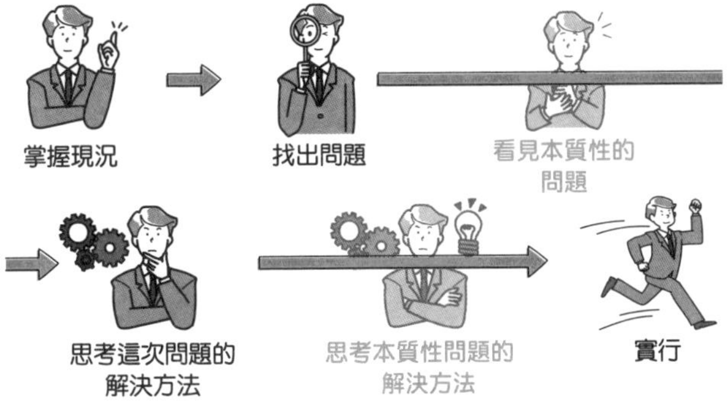

19

想得出好主意「打造好點子」的努力

試著組合現有知識吧

舉凡新的工作、發表的資料、傳單設計、活動企劃、副業等等，我們常常需要有新的點子。若必須從無到有生出新點子實在非常困難，但我們其實並不需要從「0→1」思考。正確的思考方式，是「用既有的事物組合、創造」。透過組合，產生「1＋1→10」的想法，才真的有價值。為此，我們必須多多累積知識和經驗，多留意這個世界上所發生的事。日常生活中的一切都能成為想法的素材。當素材愈多，組合的模式也會增加。從日常生活中蒐集素材並組合，就能創造最棒的點子。

正確的努力 透過組合既有的事物，生出點子

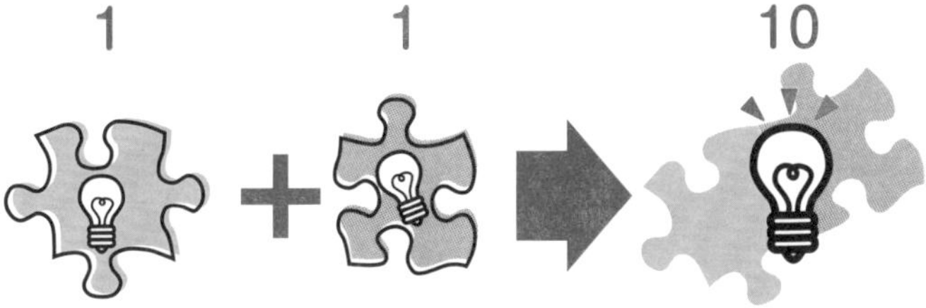

錯誤的努力 從零開始試圖產生新的東西

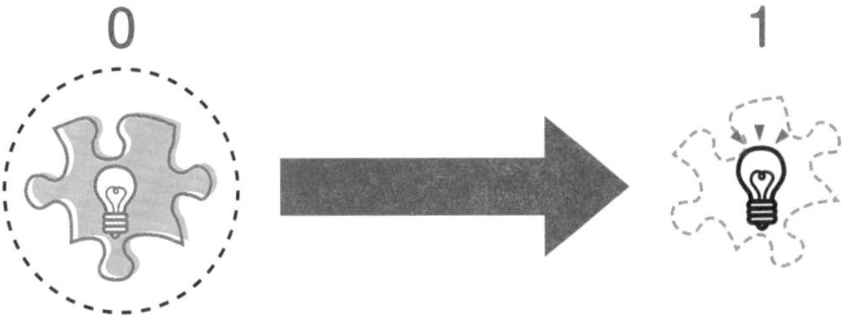

20 能以根據來判斷「解讀數字」的努力

若想獲得成果，就應加強數字能力

想在工作上得到好成績，必須「擅長於數字」。但是請放心，我們並不需要使用很難的算式。只需要掌握義務教育中學習到的基本計算方式，以及數字代表的意義即可。其中最重要的是養成「從數字判斷的能力」，以便觀察、假設。

這種能力是可以透過訓練獲得的。而訓練就是針對工作上會用到的數字，去思考「這數字代表什麼？」「若數值有變化，是因為發生了什麼事」「為了改善數字，應該做什麼」。只要在平時練習如何解讀數字，對數字的概念就會自然而然變強。

正確的努力 判斷事情時，連細微的數字也要留意

【正確判斷數字】

結果 → 思考比例以及數字的變化等等 → 觀察

錯誤的努力 從表面上的數字，依感覺做判斷

【錯誤判斷數字】

結果 →（思考比例以及數字的變化等等）→ 依照感覺判斷

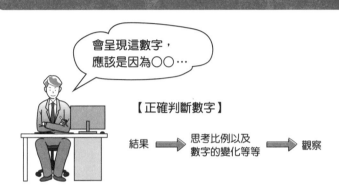

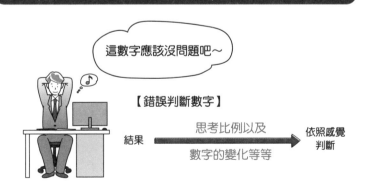

21 遇到適合自己的工作「將理想明確化」的努力

不受眼前利益誘惑

許多人明明想著要「一直在適合自己的職場工作」，但最後卻工作得不情不願，幾乎什麼成績都沒交出來就辭職了。會導致這種結果的原因，在於「受到眼前的利益」所誘惑。例如總是著眼於「薪水好（但是黑心的工作環境）」和「職場環境及福利很不錯（但有重視年資的風氣，成長速度緩慢）」等眼前的利益，選擇了與理想中的職涯規劃不符的工作。也就是說，只要明確作出理想的生涯規劃，確實調查實際情形，就能選出最適合你的工作。

正確的努力　依照職涯規劃，選擇適合自己的工作

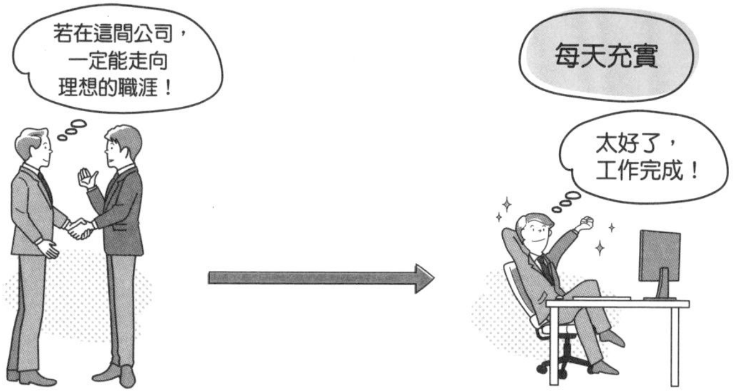
若在這間公司，一定能走向理想的職涯！
每天充實
太好了，工作完成！

錯誤的努力　選擇工作時以薪水等眼前的利益為優先

若在這間公司，一定能賺得比現在多！
每天憂鬱
唉…看來今天也要加班…

22 改善人生「職涯發展」的努力

投身於有前景的市場

許多人都會為了職涯發展而轉職。此時，最重要的就是投入「有前景的市場」。有前景的業界，由於金流活躍，整個市場都非常蓬勃。由於市場整體活躍，使得公司與廠商也都生氣盎然。換言之，無論是員工或公司的氛圍都相當愉悅，很可能是份很令人開心的工作。

在轉職時，除了要轉職的公司之外，還應掌握市場狀況，並考慮到自己的強項。如此一來，薪水便會提升，並擁有一段自己能接受且充實的職涯。請正在考慮轉職的人參考看看。

正確的努力　決定轉職公司時，應考慮轉職業界的市場

轉職公司

・公司概要／理念
・工作內容／勞動條件
・薪資體系／福利

&

轉職市場

・市場成長率
・需求人數
・市場平均年薪推移

錯誤的努力　決定轉職公司時，只看轉職公司

轉職公司

・公司概要／理念
・工作內容／勞動條件
・薪資體系／福利

&

轉職市場

・市場成長率
・需求人數
・市場平均年薪推移

23

讓財務面及心理有餘裕「副業」的努力

每月五萬日圓的副業收入將大幅改變人生

近年來，我們常在新聞中看到「工作方式改革」的字眼。厚生勞動省發表促進副業、兼職的方針，愈來愈多人為了獲得更充裕的金錢而開始副業。我認為開始副業的方法有兩種。①將本業的技能運用在副業上②學習新的技能，用在副業上。而我更推薦②的方法。這是因為高需求的技能如動畫剪接、設計、寫網路文章等，能讓我們持續獲得工作，獲益性也高。只要每個月透過副業賺進五萬日圓，就會為人生帶來巨大的改變。無論是心靈的富足、工作的樂趣，經濟上的充裕都能手到擒來。且任誰都能嘗試，希望大家都能挑戰看看。

正確的努力　掌握市場需求，學習技能並藉此賺錢

市場調查

原來如此，
還能這樣賺錢啊～

【建議】

- 動畫剪接
- 寫網路文章
- 網站設計

學習並實踐

6個月～1年後

太好了！
每月賺到
5萬日圓！

掌握需求後，
靠副業賺錢其實並不困難

錯誤的努力　以自己的長處為主，想辦法賺錢

不做調查，
以自己的長處為主

我擅長長跑，
拿這個當副業吧～

1年後

容易在中途感到挫折

一點都不順利。
感覺賺不到錢…

雖然活用長處很重要，
但沒有需求就難以藉此賺錢

24 充實人生 「知道何為浪費」的努力

掌握自己花錢在什麼事物上

金錢有「賺錢」、「存錢」、「增加（成長）」、「使用」四個存在目的。許多人將「賺錢」放在第一考量。接著是「增加（成長）」、「存錢」，卻很少人認真思考過應該如何「使用」金錢。不過如何使用金錢其實才是最重要的。若沒有注意到這點，一不留神，金錢就會消耗殆盡。首先，我們應該要先掌握自己將錢花在什麼事物上，若發現有浪費的地方，就應徹底砍掉支出。然後將這筆錢使用在真正想做的事情，以及自己的未來上。當我們開始將金錢使用在對自己的投資上時，人生就會變得充實。就讓我們一起將金錢用在充實人生上吧。

正確的努力　詳細記帳並掌握每天的花費

最近花太多錢在聚餐上了，
是否該減少聚餐呢…

將金錢集中
在優先順位
較前面的事物上

帳簿

- 聚餐：25,000 日圓
- 伙食費：20,000 日圓
- 教養娛樂費：20,000 日圓
- 房租：60,000 日圓
- 電費：10,000 日圓
- 手機 / 網路費：5,000 日圓
- 訂閱平台費用：5,000 日圓

總計：148,000 日圓

錯誤的努力　不在意花費項目，想花就花

反正還有錢，
去喝一杯吧～

將金錢用在
優先順位
較後面的事物上

~~帳簿~~

- ~~聚餐：25,000 日圓~~
- ~~伙食費：20,000 日圓~~
- ~~教養娛樂費：20,000 日圓~~
- ~~房租：60,000 日圓~~
- ~~電費：10,000 日圓~~
- ~~手機 / 網路費：5,000 日圓~~
- ~~訂閱平台費用：5,000 日圓~~

~~總計：148,000 日圓~~

25 讓資產出現變化 「定額存款」的努力

為了未來，存起收入的10%

應該有許多人都認為自己「存不太到錢」。這其實就是因為這些人有多少錢就用多少。在這個時代，網路廣告會投放為我們量身打造的廣告，「我們想要的東西、想嘗試的事」會在我們的手機頁面上無止盡的出現，若把這些東西全買下來，當然存不了錢。而針對這個問題的對策，就是「每月定額存款」。也就是每個月把收入的十分之一存起來。如此一來，我們就會將生活費控制在剩下的額度內，減少不必要的花費。雖然聽起來很簡單，但只要堅守這個原則，就能讓資產持續增加。讓金錢和心靈都多出許多餘裕，建議大家從這個月就開始實踐。

正確的努力　持續存起收入的10%

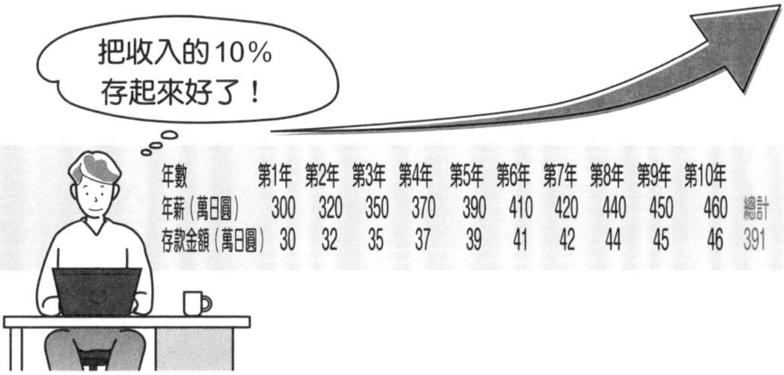

年數	第1年	第2年	第3年	第4年	第5年	第6年	第7年	第8年	第9年	第10年	
年薪（萬日圓）	300	320	350	370	390	410	420	440	450	460	總計
存款金額（萬日圓）	30	32	35	37	39	41	42	44	45	46	391

錯誤的努力　只存下沒用完的錢

只要把沒用完的錢

年數	第1年	第2年	第3年	第4年	第5年	第6年	第7年	第8年	第9年	第10年	
年薪（萬日圓）	300	320	350	370	390	410	420	440	450	460	總計
存款金額（萬日圓）	3	2	7	10	11	10	14	13	10	12	92

26 讓資產增加「資產運用」的努力

利用複利效果，把資產放大

應該有許多人希望能「在短時間內靠投資逆轉人生」吧。但其實我們不應做短期投資，而是應該選擇長期投資才能降低風險，也能獲得比較多報酬。因為透過長期投資，才能將堪稱人類最大發明的「複利」效果發揮到極致。我推薦可以用「平均成本法」，也就是一種將預計投資的金額分成十二等分，每月底投資十二分之一的方法。例如每個月底投資一萬日圓等等。這個方法的優點在於可以從小額開始做起，也能分散風險，對投資新手來說也非常簡單。想一點一滴累積資產的人請嘗試看看。

正確的努力　以長期投資一點一滴將資產放大

每個月3萬日圓，
慢慢累積資產吧～

年數	第1年	第2年	第3年	第4年	第5年	第6年
累積金額（萬日圓）	36	36	36	36	36	36
資產總計（萬日圓）	36.9	75.5	116	158	203	250

年數	第7年	第8年	第9年	第10年	第20年	第30年
累積金額（萬日圓）	36	36	36	36	36	36
資產總計（萬日圓）	300	351	406	463	1247	2446

※將年利率設為 5%

錯誤的努力　想在短期間內一口氣增加資產

我要讓這100萬日圓
靠股票翻倍！

和賭博沒兩樣

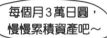

27 拓展自己的可能性「善用社群網站」的努力

訣竅在於「發表受人矚目的內容」和「積極交流」

X（Twitter）、Facebook、Instagram等社群網站，其實都帶有無限的可能性。而運用社群的關鍵在於「發表」和「交流」。首先關於「發表」，社群有各自的文化，因此可以向粉絲數多的人學習如何發表。發表的題材則應挑選大家比較關心的事物。接下來則是「交流」。我建議可以透過積極回應他人的發文，來得到對方的回應。只要學會運用社群，就非常有可能「交到價值觀相符的朋友」、「得到工作委託」、「得到副業收入」。由於所有人都能免費開始使用社群，請先嘗試看看吧。

正確的努力　積極交流，盡情體驗社群網站

【運用社群的訣竅】

發表大家有興趣的內容

享受積極交流

社群是溝通的工具！

錯誤的努力　只顧著自己發表，並未盡情享受社群

【錯誤的社群運用方式】

只發表大家有興趣的內容

享受積極交流

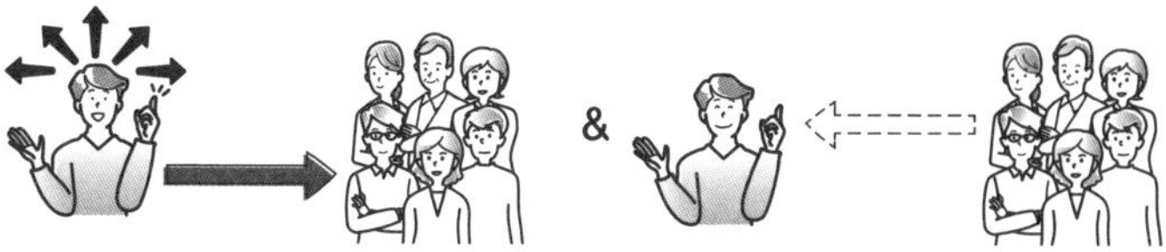

只顧單方面發表，並無法完全活用社群

28 打開新的路

「成為傳播者」的努力

只要傳播資訊，就能讓可能性變廣

無論你是政治家、藝人、經營者、漫畫家、上班族，還是喜歡做菜的主婦，現在是一個大家都會「發布資訊的時代」。你是否也在傳播或推廣任何事情呢？傳播資訊有許多優點，如「可以整理自己的想法」、「可以遇到擁有相同想法與價值觀的人」、「能蒐集新資訊」等，且發布的媒介也沒有限制。請實際觀察看看，並找出適合的方式來嘗試吧。X（Twitter）、YouTube、Facebook、Instagram等，以現在的趨勢來說都非常受歡迎。當角色不再只是接收訊息，而是成為傳播的一方，會大大拓展人生的可能性。

正確的努力　成為發布者，拓展自己的可能性

大幅拓展可能性

來試試吧⋯

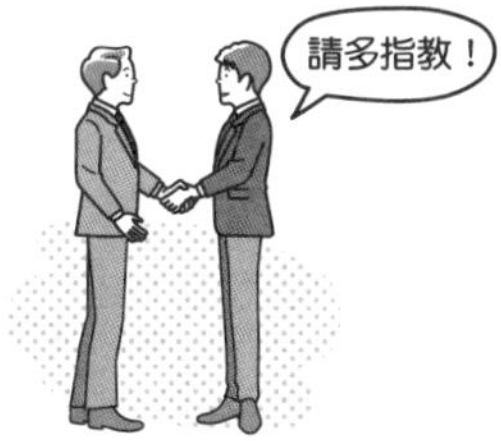

1～2年後

成為傳播者

（例）產生新的相遇機會

錯誤的努力　一直擔任接收方的角色，縮限可能性

什麼都沒改變，
抹去可能性

我一定做不到⋯

1～2年後

持續擔任接收者的角色

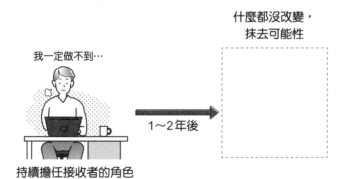

29 達成理想人生「了解自己」的努力

一切都從了解自己開始

自己到底是怎樣的人呢？喜歡什麼？擅長什麼？弱點是什麼？做什麼事時會開心呢？在哪個瞬間會感到開心呢？真正想做的是什麼呢？又想過著什麼樣的人生呢？能透徹了解自己的人其實並不多。就因為不認識真正的自己，所以選擇了不怎麼想做的工作，選擇了沒興趣的職涯，過著疲累的人生並後悔著。因此一切必須從了解自己開始。了解自己不能只靠腦中浮現的事物來判斷。而是應該寫出小時候至今的經驗，綜合性判斷。如此一來，就會找到自己真正想過的人生。

正確的努力 寫出自己的經驗，客觀了解自己

學生時代
幼年期
出社會後

寫出的內容

- 喜歡的東西
- 擅長的事情 / 強項
- 不擅長的事情 / 弱點
- 感到開心的瞬間
- 大展身手的經驗
- 開心的回憶
- 重要的價值觀 等等

錯誤的努力 用感覺來評斷自己

我體力不錯，
也喜歡說話，
應該很適合當業務吧～

30 用最短途徑了解「回推規劃」的努力

從目標回推，分為五個階段立定計畫

訂定計畫時，最重要的就是從目標往回推算，分成五階段擬定計畫。如此一來，便能了解達成目標的最短路徑。而透過將目標細分化，能增加具體性，讓我們能想像達成目標的狀況，而目標達成率當然也會跟著提升。

而接下來我將介紹具體的方法。首先，請先準備A4的白紙。接下來在右上方寫下「目標」，左下寫下「現在」。然後在「現在」到「目標」之間設定四個中繼站。可以寫下數字上的目標，或是TODO清單。如此一來，便能清楚了解達成目標的最短路徑了。請嘗試看看。

正確的努力　從目標回推，擬定計畫

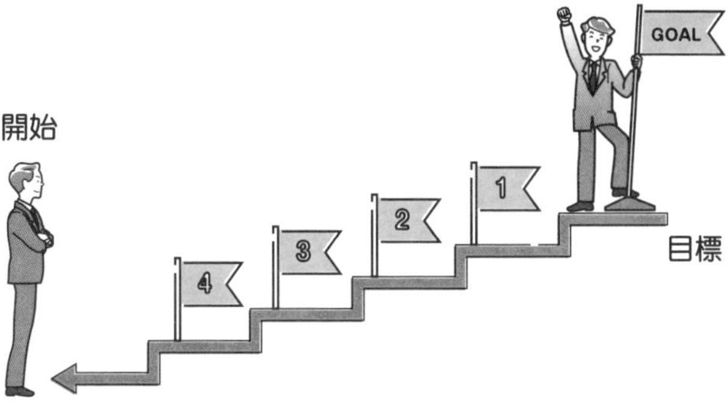

錯誤的努力　從開始到目標依照順序立定計畫

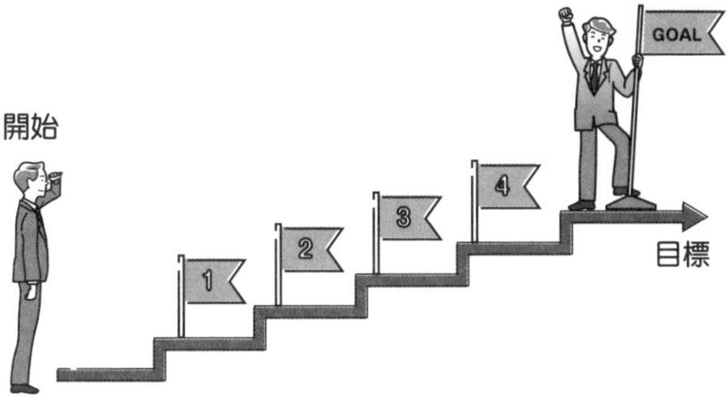

31 為了達成目標「設定明確途徑」的努力

透過具體目標，讓達成途徑變得更明確

能達成目標的人，與無法達成目標的人之間，關鍵性的差異是什麼呢？那就是是否有設定具體的目標。例如以「提高年薪」為目標時，無法達成的人，就只是設定目標而已；但能達成的人就不同了，他們會計畫「一年內拿下一百個案子，升職並提升年薪」，明確設定「期限」和「要怎麼做」。然後再設定「為了拿下一百個案子，每個月要拿下十個以上的案子，所以要預約五十個訪問」由上而下將目標細分化，連具體的行動都規劃到。如此一來，就會更明確知道達成目標前必須做什麼事，也因此能夠確實達成。

正確的努力　設定具體目標

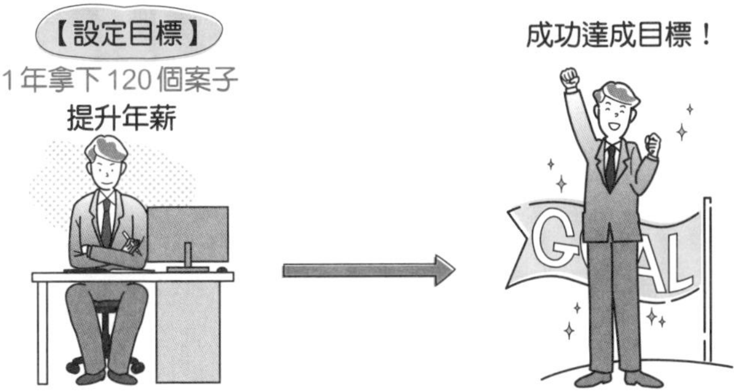
【設定目標】
1年拿下120個案子
提升年薪
成功達成目標！
GOAL

錯誤的努力　就只是設定目標

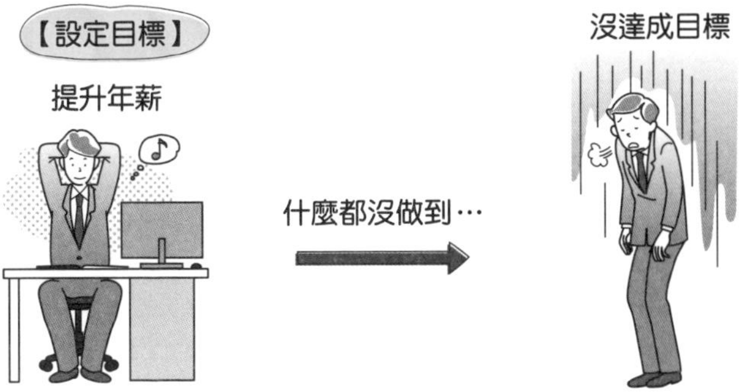
【設定目標】
提升年薪
什麼都沒做到…
沒達成目標

32 提升自我價值

「了解自身強項」的努力

你的「強項」正是你的價值所在

一個人才的價值有多少，取決於他的「強項」。而不突出的地方及能力則不太會受到關注。即便有再不擅長的事，只要同時擁有一項脫穎而出的強項，還是能吸引到矚目。因此，及早了解自己的強項，並加以發展相當重要。

那麼我們又該如何找到自己的強項呢。其實你最大的強項，就是你喜歡又擅長的事物。請試著寫出在過去的人生中，你做喜歡的事，且得到好成績的經驗，而這就是你真正的強項所在。

正確的努力　了解並專注於發展自己的強項

了解自己的強項　　　發展強項

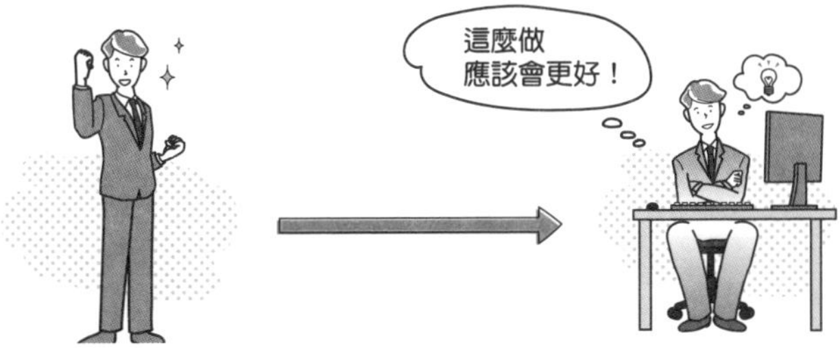

錯誤的努力　未發展自己的強項，將力氣投注在其他事物

了解自己的強項　　　將力氣用在發展不擅長的地方

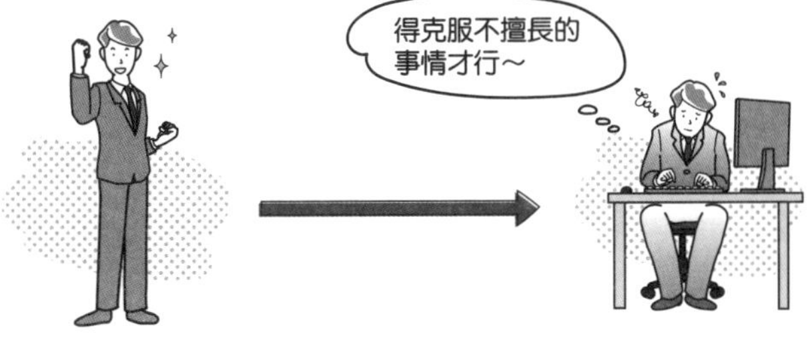

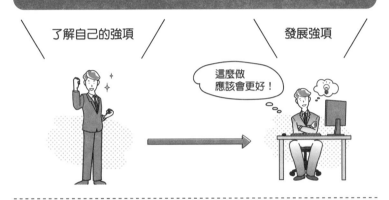

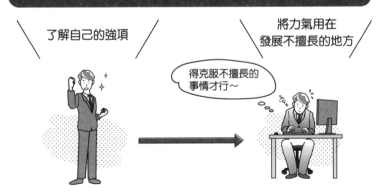

33 讓人得以向前進「不執著於弱點」的努力

無需克服自己的「弱點」

決定價值所在的是你的強項，所以應該以發展強項為優先考量。但實際上，許多人都將力氣花在克服自己的「弱點」上。會有這種狀況，是因為身邊的人都會指出我們的弱點，並要求改善。但若總是執著於改善弱點，會讓你無法提升自己的價值。其實關於克服弱點，我們只需要達到最低標準就可以了，並不需要做到完美。若主管有任何意見，只要開朗地說「我會努力」，然後做到最低標準即可。因為你的弱點也許是某人的強項，一定有人可以協助你，只要交給擅長的人處理就好了。我們只要發揮自己的強項，盡情活躍就行了。

正確的努力　關於克服弱點，只要做到最低標就好了

關於克服弱點，
只要做到最低標

發展強項，
不斷提升自我價值

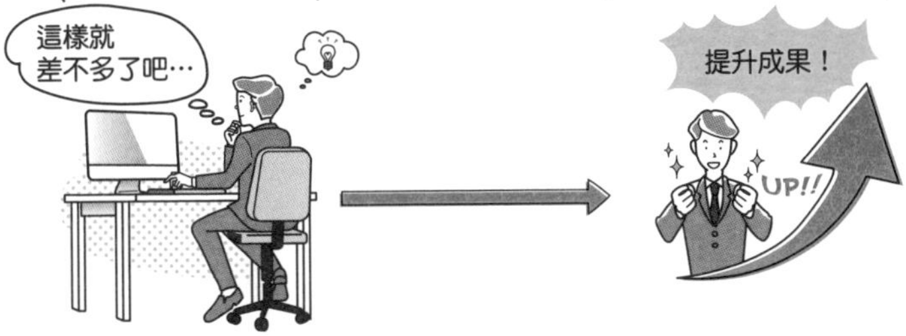

錯誤的努力　為了克服自己的弱點，付出最大的努力

拼命克服自己的弱點

一直未能提升自我價值

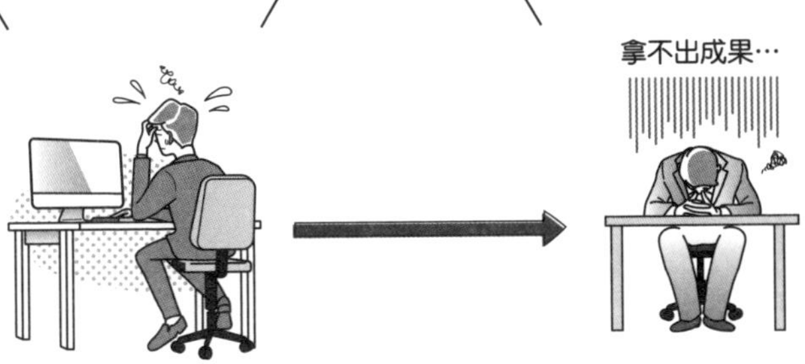

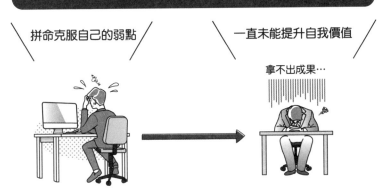

34 壓力掰掰

「正確競爭」的努力

競爭對象在自己心中

考試的分數、社團成績、錄取公司的數量及等級、年薪、資產、社群網站的粉絲數等等，許多場合都存在著競爭。去和他人比較，進而認為「自己什麼都不會」，承受壓力並非好事。我們根本無需贏過他人，只要自己與身旁的人都感到幸福，不就足夠了嗎？適度競爭提升士氣是好事，但當感覺到有壓力時，就停止和他人比較吧。比起與他人競爭，我建議大家把自己當作競爭對手。因為當超越過去的自己時，勢必會感受到自己的成長。只要讓自己不斷成長，就能讓自己得到幸福。

正確的努力 將競爭對手設定為自己，讓動機正確

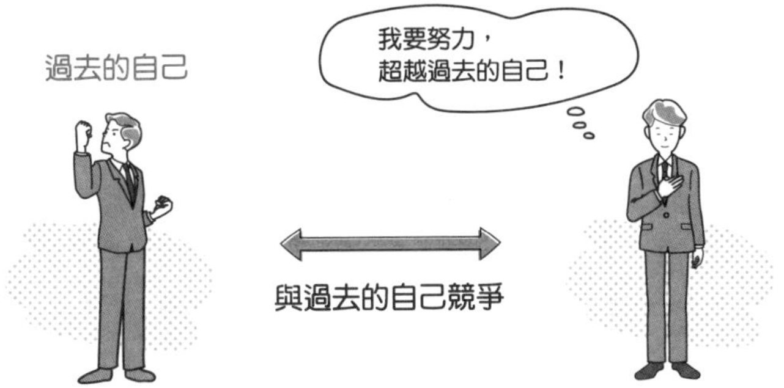
過去的自己
我要努力，
超越過去的自己！
與過去的自己競爭

錯誤的努力 將某人設定為競爭對手，無止境的比較

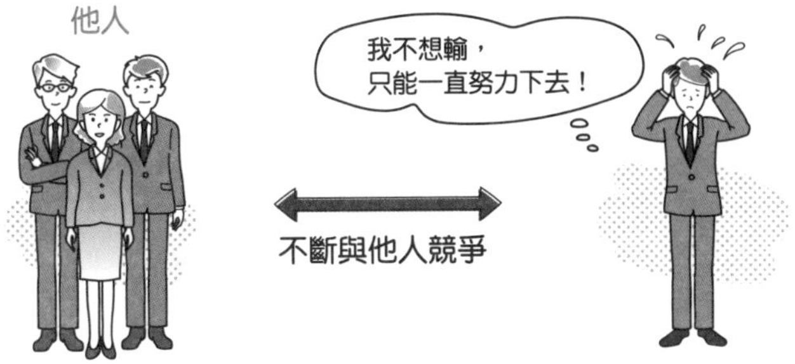
他人
我不想輸，
只能一直努力下去！
不斷與他人競爭

35 脫離充滿不滿的每一天「擁有重心」的努力

找出左右人生的「主軸」

即便想著「我要過著充實的每一天，走上幸福的道路」，還是很少人能實現。這是因為這些人沒有「人生的主軸」。心中總想著「我不想做這種事⋯⋯」、「我還有其他想做的事⋯⋯」無法專注於眼前的事情，什麼事都往負面想，只能厭煩地繼續做著現在的工作。而能讓我們脫離這種狀態的，就是「人生的主軸」。只要利用自己「喜歡的事物」、「強項」，以及「價值觀」這三點找出人生的主軸，並以此為業，你的每一天便會開始變得充實。從現在開始絕不嫌晚，請先從思考自己的主軸為何開始吧。

正確的努力　找到人生的主軸，為達目的而選擇職業

找到自己真正想做的事，
訂定人生主軸

持續選擇與人生主軸
相符的職涯

錯誤的努力　選擇職業時隨遇而安

後來才開始煩惱

反正
船到橋頭自然直～
本來不應該
是這樣的…

36 擁有動力「目的導向」的努力

只要目的清晰，就會改變面對工作的方式

大家聽過「三個建築工」的故事嗎？有一位旅人對三個人問：「你現在在做什麼呢？」第一人回答：「我在蓋房子啊」；第二人回答：「我在蓋房子賺錢啊」；第三人則回答：「我在蓋大家都很喜歡的教堂」。由此可見第一個人只覺得自己被交辦了工作，第二個人則覺得自己是為錢工作，而最後一個人則有著「讓大家開心」的目的。其中誰在工作時會最有動力，可說是一目了然。就算是同樣的工作，只要目的夠明確，就會產生動力。即便是相同的作業，只要改變想法，就可能讓人變得更快樂。

正確的努力 有目的的工作

為了讓客戶開心，
我要努力做這份資料！

錯誤的努力 只將被交付的事情當作一項作業

主管叫我做，
我就努力做吧…

37

贏得成功「絕對不放棄」的努力

巨大的成功就在堅持到底之後

究竟是什麼樣的人，才能獲得成功呢？是才華洋溢的人、知識豐富的人、資產富足的人，還是有很多朋友的人呢？其實都不是。事實上，唯有能「堅持到最後」的人才能獲得成功。才華、知識、朋友，其實都只是提高成功機率的元素。無論多成功，途中必定都經歷過巨大的失敗、碰壁。若就此放棄，那這個人一輩子都不可能獲得成功。而堅持到底的能力並非一蹴可及，必須總是把目的放在心上，到成功前都堅持不放棄。只要有過一次堅持到底，並獲得巨大成功的經驗，便能自然養成堅持到底的能力了。

正確的努力　擁有強烈的目的，每天帶著必達成的想法

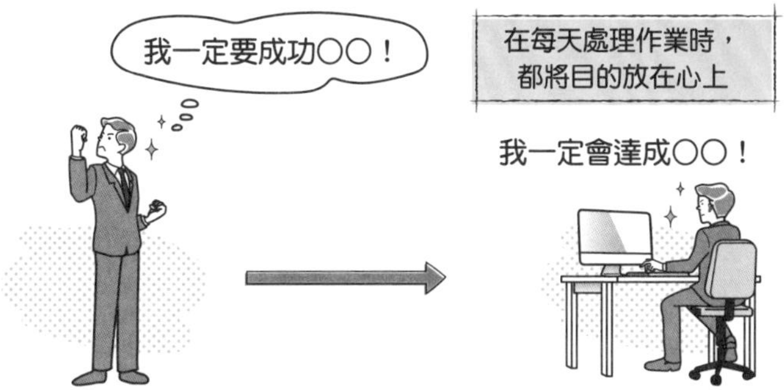
我一定要成功○○！
在每天處理作業時，
都將目的放在心上
我一定會達成○○！

錯誤的努力　達成目的的意識薄弱，中途就放棄

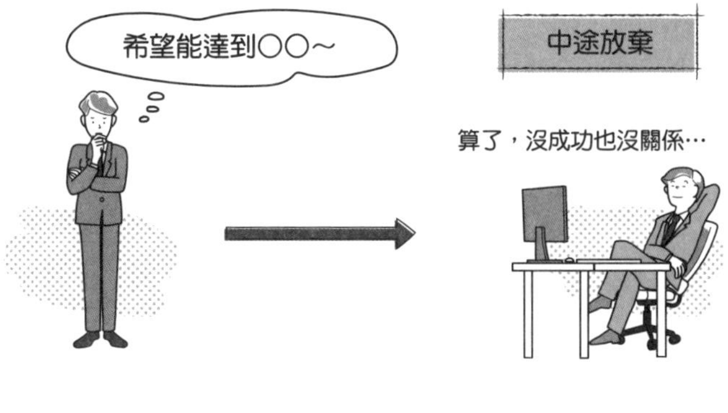
希望能達到○○～
中途放棄
算了，沒成功也沒關係…

38 自我實現

「保持初衷」的努力

人類只能實現真正的想望

大家都想要過理想的生活，但能實現的人少之又少。而原因就在於「意念」不足。唯有擁有想望，才有可能實現。若想著「我不可能做得到」，那就一輩子都不可能達成。

因此要將理想化為現實，強烈的意念可說是不可或缺。在實現的過程中，勢必會遇上許多困難，也會經歷許多挫折。在這個過程中，我們的意念會被削弱，漸漸淡忘，所以許多人無法自我實現。「一定要實現」的強烈意念，會讓我們有動力實現理想中的未來。

正確的努力　無論何時都擁有想實現理想的意念

無論多忙，
都擁有意念

意念使行動與成果都有所變化，
得以自我實現

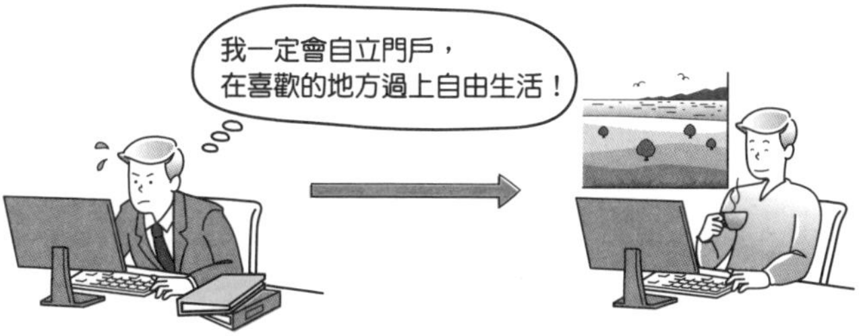
我一定會自立門戶，
在喜歡的地方過上自由生活！

錯誤的努力　為眼前的事情拚命，失去原本的自己

為眼前的事情
耗費過多的力氣

失去自我

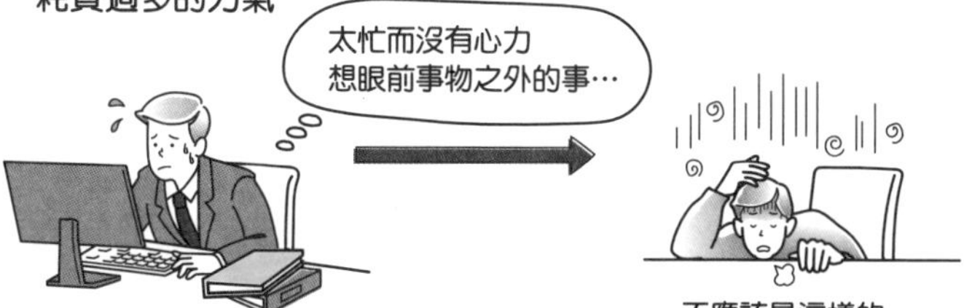
太忙而沒有心力
想眼前事物之外的事…

不應該是這樣的…

39 真的會改變「具體行動」的努力

不只用想的，還要改變具體行動

光靠「從今天起，我要改變！」的氣勢，是無法改變任何事的。因為光改變想法，並無法改變現實中的任何事。人類的意志相當薄弱，即便是自己決定的事，還是可能立刻放棄，回到過去的自己。

因此重要的並非改變「想法」，而是改變「具體的事物」，特別是「環境」和「行動」。例如當決定「每天要花1小時準備證照」後，就立刻去買參考書，並設定每天回家前要去附近的咖啡廳讀書1小時的規則。只要像這樣立即行動，並改變環境，人生勢必會有所轉變。

正確的努力 整頓環境，以具體行動作出改變

為了考證照，
下班後去咖啡廳讀書1小時

開始做出具體的改變！

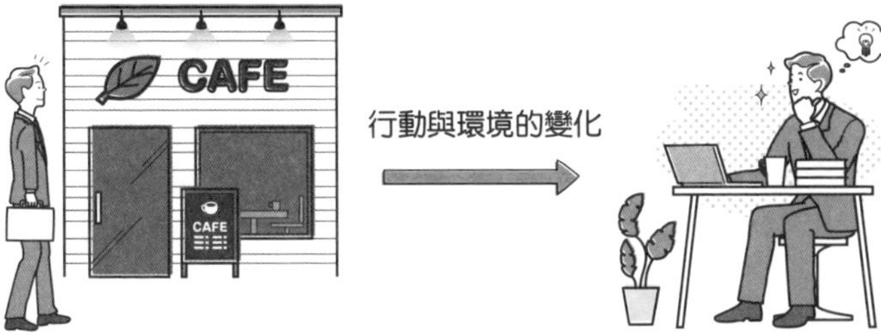

錯誤的努力 完全依賴「從今天開始」的意志

從今天起每天
努力學習吧！

完全沒有改變

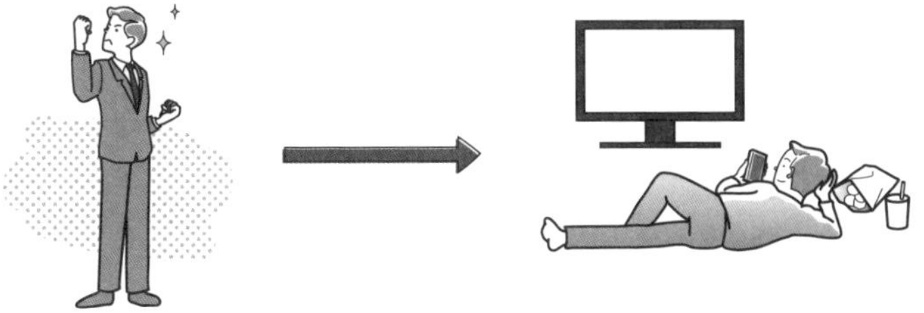

40

避免注意力分散「環境整潔」的努力

打造讓自己能專注於眼前事物的環境

讓我們失去專注力的主要原因，就是看見了吸引我們注意力的東西。考前一天，明明必須專注在讀書上，卻在意起亂糟糟的房間，而開始打掃房間。我想大家應該聽過這樣的故事。這也是因為當房間乾淨，身處於一個能夠集中心力的環境時，就不會有分心的問題了。而工作時亦同。你的桌上是否放著以前用過的資料，還有吃到一半的零食呢？在這樣的狀態下，一定很容易會分心，無法維持專注力。將不需要的資料等等全部收拾乾淨，打造一個讓我們能專注於眼前事物的整潔環境其實相當重要。

正確的努力　將桌上不需要的東西全部收乾淨

能夠專注的環境

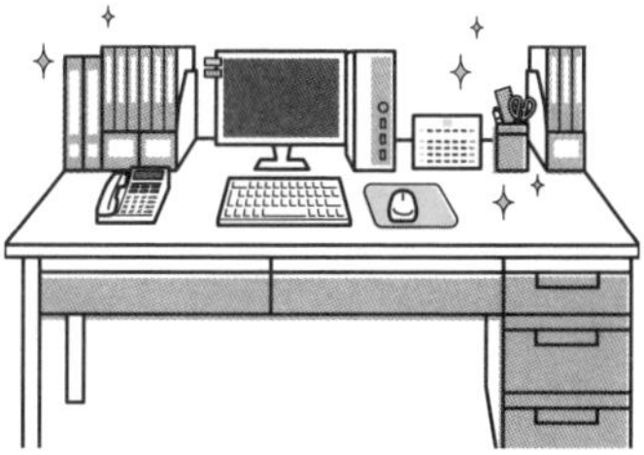

錯誤的努力　所有東西都擺在桌上

無法專注的環境

41 避免準備不周的狀況「設定TODO」的努力

將工作細分化，讓事情更好處理

一項工作需要準備的事情其實意外的多。為了做到滴水不漏，必須將TODO清單設定得非常細。例如，即便只是「準備跑業務」的一項工作，實際上需要做到「準備資料」、「事先通知客人」、「準備會議室或談話的場地」、「掌握客人的狀況及煩惱」、「確認談話內容並採排」等，事情不少。為了不要有遺漏，一開始就必須詳細設定TODO清單。如此一來便能將必須做的事視覺化，只要一項一項完成，就能感受到工作進度確實在推動，進而提升我們的動力，因此我非常推薦這個方法。

正確的努力　將作業細分化，設定具體的TODO

TODO管理清單

- 準備跑業務
  └準備資料
  └事先通知客人
  └準備會議室
  └掌握客人的狀況
  └確認談話內容並採排
  ⋮

錯誤的努力　隨性設定TODO清單

TODO管理清單

- 準備跑業務
- 〜〜〜〜〜〜〜
- 〜〜〜〜〜〜〜

⋮

42

提升效率「開始一項工作方式」的努力

有效利用專注度最高的時間

早上開始工作後，是一天之中專注度最高的時段。正所謂「早上的1小時，相當於晚上或傍晚的3小時」，非常重要。若在這個時段做確認電子郵件等不需高專注力的工作，就太浪費了。（雖然也有一些比較緊急的電子郵件，但建議可以在通勤時間及開始工作前確認）

開始工作後，應該先處理較緊急、重要的工作。以我來說，我會優先處理寫書及思考未來事業的想法等最需要用腦的工作。接下來則是確認TODO，從優先度較高的工作開始處理。

正確的努力　從緊急度及重要度較高的工作開始處理

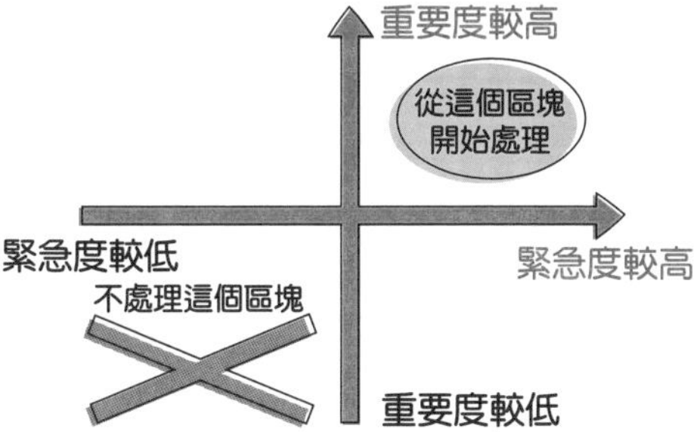

錯誤的努力　把時間用在回信等雜事上

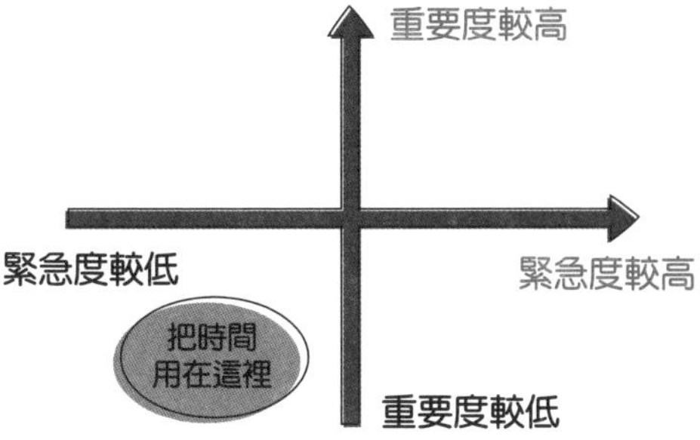

43

能呈現在成果上「弄清楚優先順序」的努力

成果的八成出自於兩成的工作

能從工作中獲得成績的人與不能的人之間，其實存在著很簡單的差異。那就是「是否專注於能獲得成績的工作上」。許多人會習慣先從被交辦的工作開始做起。但此時我們應該要思考「這是必須現在立刻做的工作嗎？做這件事會獲得成果嗎？」並且優先處理能獲得成果的工作。

我們的時間有限，若一直做與成果沒有連結的工作，並無法獲得成果。我們應該現在就立刻放下與獲得成果無關，且沒有價值的工作。改專注於與獲得成果有關，並有價值的工作。

正確的努力 優先處理能獲得成果的事情

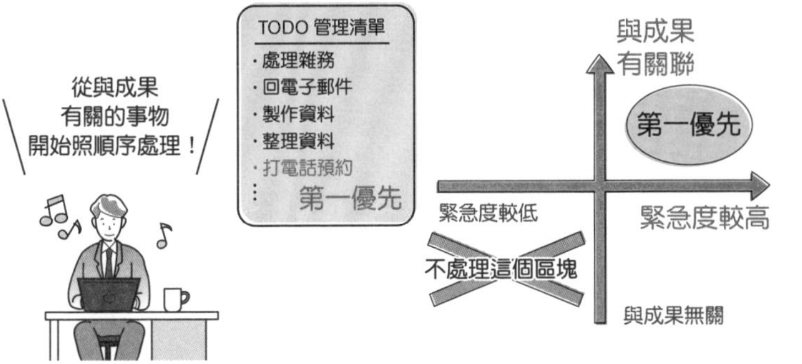

錯誤的努力 照順序處理被交辦的工作

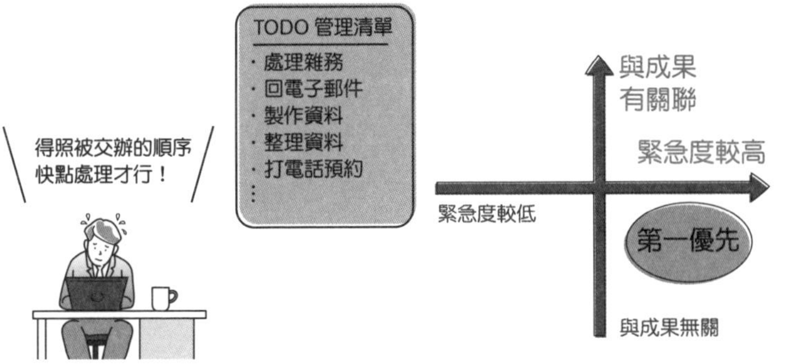

44

確實獲得成果「權衡」的努力

比起要做什麼，要放下什麼才是重點

我們的時間和體力有限，不可能做完所有想做的事。此時「權衡」就相當重要了。要開始什麼事，就表示必須放下某些事。不然所有事情都會流於半調子的結果。

而我們該如何判斷什麼是我們「該做的事」呢？此時我們能做的只有想像持續做某件事後會發生的結果。並思考持續做某件事後，是否能獲得我們所期盼的人生。為此，我們必須鼓起勇氣，做出放下的決斷。而這就是讓我們能過上美好人生的關鍵。

正確的努力　透過權衡持續取捨

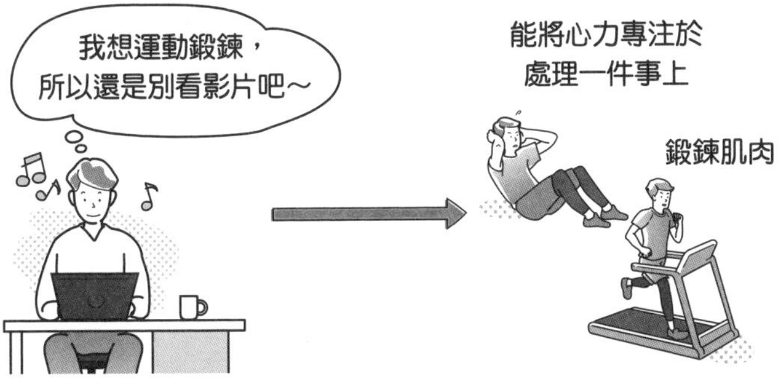
我想運動鍛鍊，
所以還是別看影片吧～
能將心力專注於
處理一件事上
鍛鍊肌肉

錯誤的努力　所有事情都想做，結果都變得半調子

雖然很想鍛鍊肌肉，
但還想繼續看影片⋯
要做的事太多了，
所有事都流於半調子

45 得到豐碩成果「循環PDCA」的努力

短期內循環PDCA

只花一年左右就能交出好成績的人與交不出的人之間，差別在哪裡呢？其實差別就在於「PDCA循環」的頻率。交得出好成績的人，每天都持續循環著PDCA，不斷成長。而相對的，一個月只做到一次PDCA循環的人，成長速度慢，也難以交出成績。

在循環PDCA時，最好儘可能嘗試所有想法。並找出實踐後較為順利的方法，再重複執行。而在短時間內循環「計畫」→「實踐」→「根據」→「改善」，就是獲得好成績的關鍵。

正確的努力 每天循環PDCA！

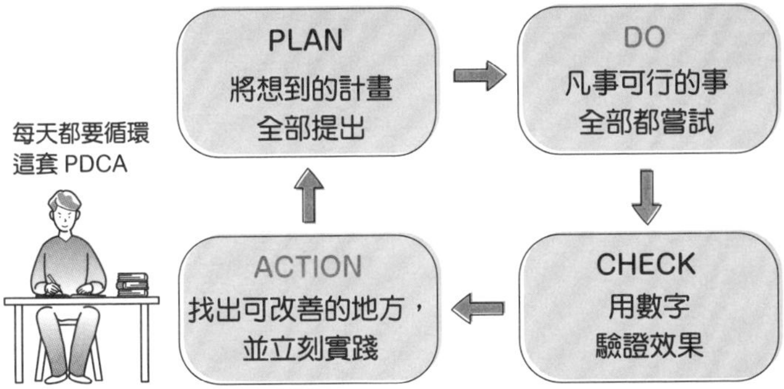
PLAN
將想到的計畫
全部提出
DO
凡事可行的事
全部都嘗試
CHECK
用數字
驗證效果
ACTION
找出可改善的地方，
並立刻實踐
每天都要循環
這套 PDCA

錯誤的努力 1個月只循環 1次PDCA

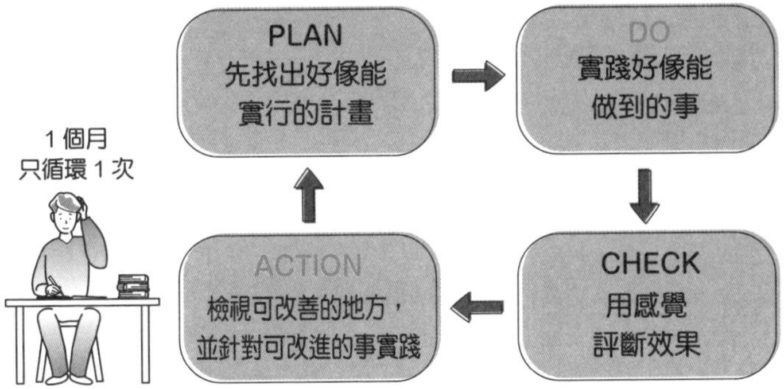
PLAN
先找出好像能
實行的計畫
DO
實踐好像能
做到的事
CHECK
用感覺
評斷效果
ACTION
檢視可改善的地方，
並針對可改進的事實踐
1 個月
只循環 1 次

Column1

改變人生，只能靠小小努力的累積

人生就是過去行為的集大成，無法說改就改

「人生好無趣」、「好想改變人生」、「但不知道該怎麼做才好」。你是否也曾有過這樣的感覺呢？

其實在幾年前，這些全都是我的口頭禪。

以前，我曾對自己的人生感到厭煩。在鄉下，從早上7點工作到晚上9點，入袋的薪水卻仍只有十七萬日圓，沒有餘裕買想買的東西，每天都充滿壓力。當時我也想改變那樣的人生。但即便看書學習、看成功人士的YouTube頻道，隔天起床仍繼續過著如往常一樣乏味的每一天。

而當這樣的模式重複幾百次後，我注意到了一個事實。那就是**「現在所過的人生，就是自己過去行為的集大成。」**

過去十、二十年來的作為，造就了我們現在的人生。因此只是看個書、只花短短

一個月嘗試做某件事等枝微末節的小事，並不會為我們帶來巨大的改變。

構成我們現在人生的元素，是工作、收入、資產、家人、住所、興趣、習慣。而這些事物都是歷經長時間體驗後所構成的，不可能說變就變。

我這才發現，改變人生是一件多重大的事。**「人生不會輕易改變」是一個大前提**。我想一開始，大家必須了解這個事實。

脫離無趣人生的唯一途徑

那我們又該如何改變人生呢。那就是**累積「微小的努力」**。

「累積微小的事情，是通往不凡的唯一途徑。」這是前棒球選手鈴木一郎的名言，也是當時帶給我勇氣的一句話。

一開始只要慢慢改變即可，試著做一些有別於昨日的事吧。然後嘗試做7天，接著開始延長到14天，再試著持續到30天。如此一來，到了第66天時，我們便會開始習慣。在這個過程中，偶爾休息也無妨。

像這樣**利用小小的機會，反覆行動，就能讓巨大的成功靠近**。為此，我們該做什麼事呢？我們可以將這世界上的許多書、成功人士的社群等當作提示。而我個人的答案，則寫在本書中，請大家務必嘗試做這一百種努力。我必須向大家道歉，光是讀完這本書，並無法為各位現在身處的環境帶來巨大的變化。但我相信若你面對自己的人生目標，持續這些小小的努力3天、7天、14天、30天、66天、3個月、6個月、1年、3年，人生想必會出現巨大的變化。

最重要的是，在得到提示後做出行動，並持續累積努力。

即便只是再小的事也無所謂，希望大家能嘗試看看自己有興趣的方法。然後請不要中途放棄，堅持下去。這就是有效率改變人生的方法。即便現在看來這些行動與方法不過就像一顆顆小小的石頭。但當這些小石頭累積到十個、百個、千個後，就會轉換為一股很大的能量。一起累積這些小小的努力，活出理想人生吧。

故事1 脫離0收入及失業

七年前，也就是我出社會第二年，23歲時。我從教職員轉職失敗，年薪歸零，是我人生最潦倒的時刻。為了解開困境，我每天花15個小時準備公務員的考試。並躲在租金兩萬七千日圓，屋齡二十年的公寓裡讀書，一天花不到兩百日圓。

兩個月後，我被錄取為市政府兼職員工，年薪變成為兩百二十萬日圓，脫離了最糟糕的狀況。當時我學到了**「短時間內從谷底翻身的方法」**。為了兩百二十萬日圓的年薪而每天苦讀15個小時，實在是不划算對吧？但我認為這樣也很好。**因為CP值是在開始順遂後才有餘裕思考的東西**。正因為這些小小的成果串在一起，才會有後續的發展。正因有當時的那些行動，才會有現在的我。

第 2 章

人際關係‧說話方式‧聆聽方式

46 改善人際關係「打招呼」的努力

小小招呼，大大學問

可千萬不能小看「早安」和「辛苦了」等招呼語。招呼語可以讓大家知道自己「是否有精神」，也能帶給他人好印象。此外，打招呼也能成為對話的契機，進而打造良好的人際關係。早在小學，我們就已經學到了打招呼的重要性。但長大後，我們打招呼的意識卻變得薄弱，許多人只把打招呼當作一項例行公事。簡單的一句招呼就能帶給人好印象，推薦大家可以落實。

正確的努力　透過打招呼帶給人好印象

有精神地打招呼

錯誤的努力　打過招呼就好了

有打招呼就好了

47

遠離悲觀「我是我」的努力

不和他人比較，應對他人抱持尊敬態度

人類是一種容易和他人做比較的生物。但愈和他人比較，就會愈感到自己的不足，並感到低落。又或是嫉妒他人，因此找他人麻煩或批判他人，進而產生惡性循環。和他人比較其實一點好處也沒有，因為「自己是自己，別人是別人。」每個人的出生背景都不同，會得到不同的結果也是理所當然。因此我們該做的不是「比較」，而是「尊敬」他人。無論做是什麼事，要成功都不是件易事，背後一定付出過「努力」。若以尊敬的眼光仔細觀察他人，並從對方身上學到東西，便能產生正向的循環。

正確的努力 觀察對方好的地方，找出值得尊敬的部分

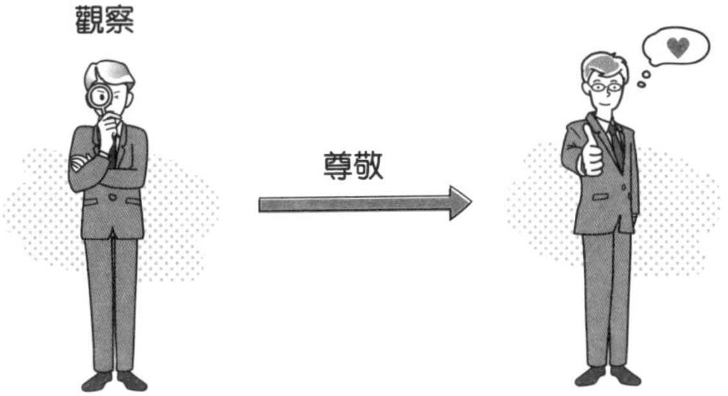

錯誤的努力 拿對方和自己比較，並感到悲觀或嫉妒

48 敞開心門 「讓對方當主角」的努力

人只想聽自己想聽的

每個人都希望別人「聽自己說話」。但很可惜的，人都只會聽自己想聽的事情。你不也曾覺得主管在聚餐時說的話很無聊，都記不起他說了什麼嗎？

「把對方當作話題中心」是很重要的。通常人都會對與自己有關的事很感興趣。若以對方的事情當作話題中心，再摻雜自己想說的話，就能好好傳達出自己想說的話，對方也會因此記住談話內容。將對方當作話題的主角，是溝通的基礎。推薦你從今天起開始嘗試。

正確的努力　把對方當作話題中心

錯誤的努力　把自己當作話題中心

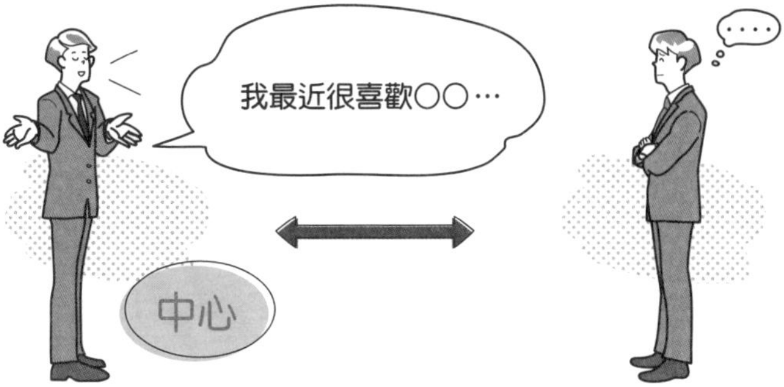

49 縮短與對方距離「表現出興味盎然」的努力

對對方抱持興趣，自己也會感到有趣

「希望他人更了解自己」是人之常情。正因如此，我們容易對認真傾聽我們說話的人抱持好感。在聆聽別人說話時，重要的是對對方表示關心。正如P120所說，「人只會聽自己想聽的事情」，因此要聽一個完全不感興趣的人說話，不是一件易事。首先重要的是我們應該更了解對方，並對對方產生興趣，準備好傾聽時的態度。

在聽對方說話時，應該要表現得開心，且給予反應。如此一來，對方也會說得很開心，並對我們有好的印象，連帶讓我們自己感到開心。

正確的努力　保持笑容並開心地傾聽，且給予反應

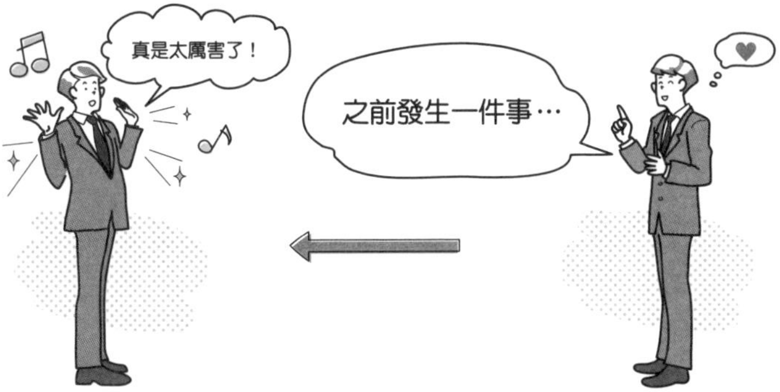

錯誤的努力　只是傾聽對方說話

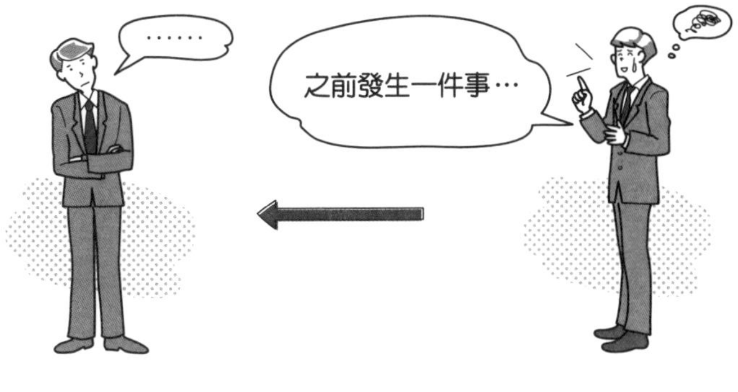

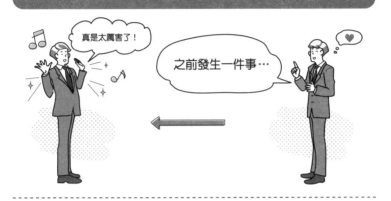

50 讓對話延續「理解對方」的努力

話題內容很重要，但理解對方更重要

談話前的準備相當重要。若突然拋出話題，有時會讓對話的流程不順，或無法將資訊完整傳遞出去。在準備時，除了準備「話題內容」外，「了解對方的狀態」也相當重要。例如，當與了解這個業界的同事討論工作時，以及與不太了解業界的朋友交談時，說話的方式和內容自然會有所不同，因為兩者的知識水準不同。因此考慮並理解對方的背景是談話時的基礎。像是對方的立場、有多少背景知識，想聊什麼樣的事等。若談話時都考慮到這些事項，一定會讓對話變得更熱絡。

正確的努力　理解對方的狀態

〇〇想聽什麼樣的事情呢？

考慮到對方的狀態

- 他想聽到什麼樣的事？
- 他對這件事有多少了解？
- 要怎麼舉例他會比較聽得懂？

…

錯誤的努力　只想著自己要說什麼話

要怎麼表達這些內容呢？

※這些話題等「了解對方狀態」後再聊！

思考要聊什麼

- 要聊什麼
- 要用什麼順序來說
- 要怎麼表達

…

51

增加親密度 「重點式閒聊」的努力

挖掘對方的興趣

千萬別小看閒聊。在商務場合中，閒聊可說是建立人際關係的入口，至關重要。然而許多日本人不擅長閒聊，因而浪費了珍貴的機會。

閒聊時重要的不是「話題」，而是「讓對方留下好印象」。因此在閒聊時應該選擇對方有興趣的話題，談話時以對方為主軸，深聊某個話題。不應聊天氣、最近的新聞等，也不該漫無目的的轉換話題。最好能留意對方的興趣，選擇話題。

正確的努力　深聊對方有興趣的話題

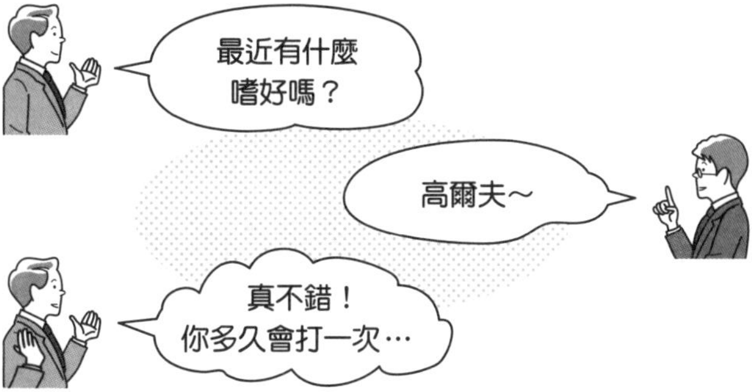
最近有什麼嗜好嗎？
高爾夫～
真不錯！你多久會打一次…

錯誤的努力　漫無目的，不斷轉換話題

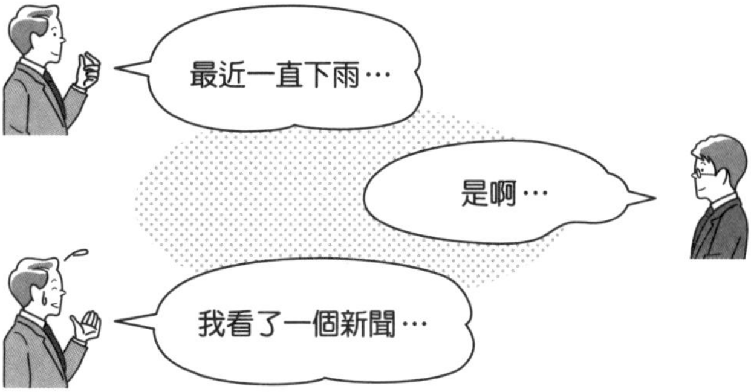
最近一直下雨…
是啊…
我看了一個新聞…

52 帶來好印象「多多稱讚」的努力

積極稱讚對雙方都有利

任誰都希望自己的努力被看見，被誇獎時也都會感到開心，並為了再次被誇獎而努力。我們也會對誇獎人的一方有好的印象，因此建議就算是再小的事，都應不吝給予讚美。且在誇獎時，應以「得到成果之間的過程」來誇獎，而非單純誇獎「結果」。例如「你為了拿到第一，每天都不斷努力，真是太了不起了」其實就比「拿到第一名真是太厲害了」要好得多。讓人感受到你連他背後的努力都看見了。而受到誇獎的一方也會更有動力，達到雙贏。

正確的努力　稱讚獲得成果前的過程，及背後的努力

錯誤的努力　只稱讚表面上的成果

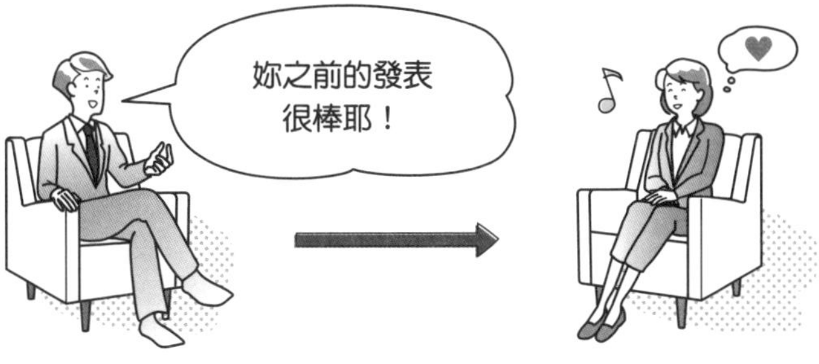

53 打動詢問者「陪伴」的努力

陪伴、同理對方

當下屬、朋友、情人來找我們商量時，絕不能和他們說「大道理」。因為其實對方心中早已有答案，所以我們不該將自己的建議強加於人。我們應該做的是認真聽對方說話，揣摩對方的心情，並且同理對方。關於接下來該怎麼做，則是應該一起思考，而非單方面給予意見。

如此一來，就能提供當事人能夠接受的答案了。在尋求商量時，往往情緒低落，因此悉心陪伴是最好的解方。

正確的努力　同理對方的感受，一起找出答案

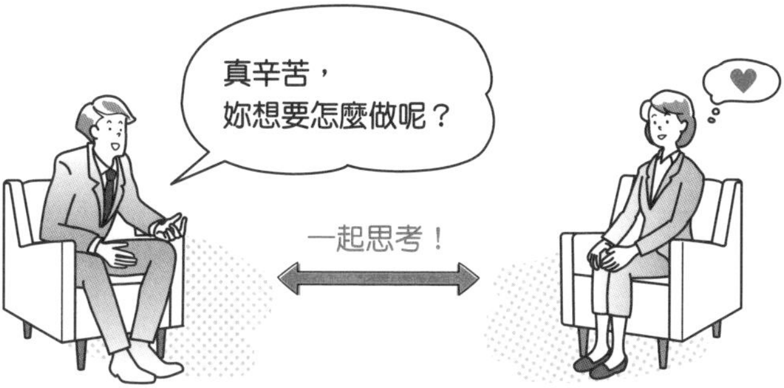
真辛苦，
妳想要怎麼做呢？
一起思考！

錯誤的努力　單方面給予大道理和建議

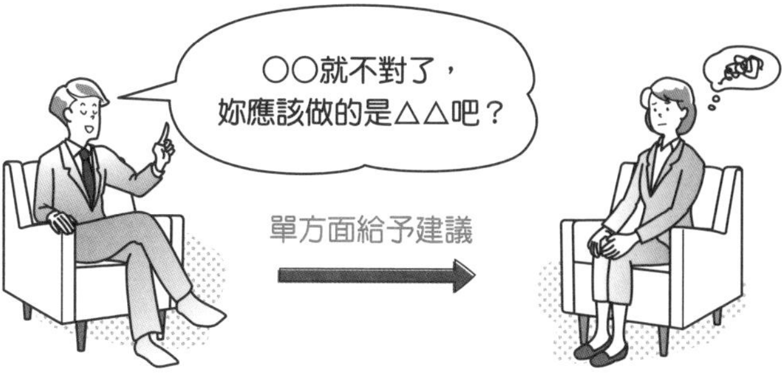
○○就不對了，
妳應該做的是△△吧？
單方面給予建議

54

送禮高手「試著揣摩對方」的努力

選擇滿足對方需求的禮物

一年當中，有幾次送禮給主管、同事、男女朋友、家人的機會。應該有許多人都很煩惱到底該送什麼，才能讓對方開心對吧？在選擇禮物時，不應直接問對方想要什麼，畢竟不一定每個人都有特別想要的東西。因此選擇禮物時，應該想像對方所期望的「狀態」。即便沒有明確想要的東西，但任誰應該都有「想變得更時尚」、「想變得更健康」等願景。而我們就要去解讀來自對方的提示，揣摩對方真正的想望。若給出另對方滿足的禮物，一定會讓對方很開心的。

正確的努力　想像對方真正的想望，來選擇禮物

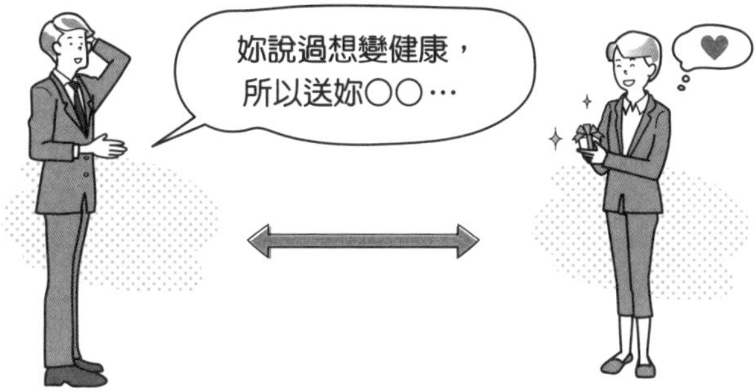
妳說過想變健康，
所以送妳○○…

錯誤的努力　詢問對方想要什麼，來選擇禮物

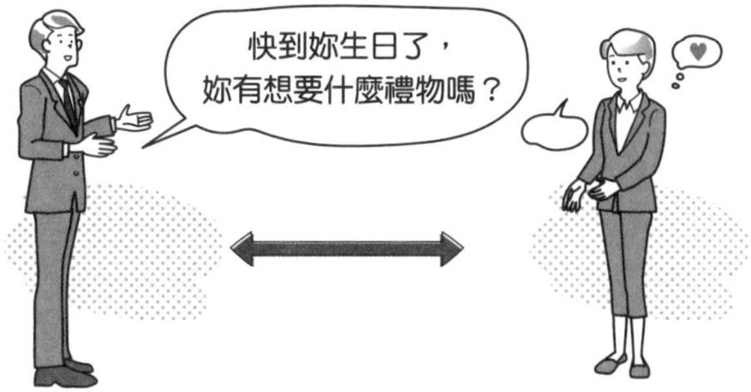
快到妳生日了，
妳有想要什麼禮物嗎？

55

受到喜愛「分享快樂」的努力

不光是逗笑人，一起笑吧！

當雙方一起分享開心及快樂的瞬間，就會對彼此擁有好印象。若希望在對方的心中加分，應該做的不是逗笑對方，而是要讓雙方都能開心歡笑。只要理解這點，就無需刻意逗樂對方。只要聊著對方喜歡的話題，一起歡笑，一起分享開心的時刻就好。只要做到這點，對方就會自然對你抱有好感。

在交流時，保持雙向溝通相當重要。也就是讓同一個空間中的所有人，都能帶著笑容享受，這是最重要的。

正確的努力　一起歡笑，享受當下氛圍

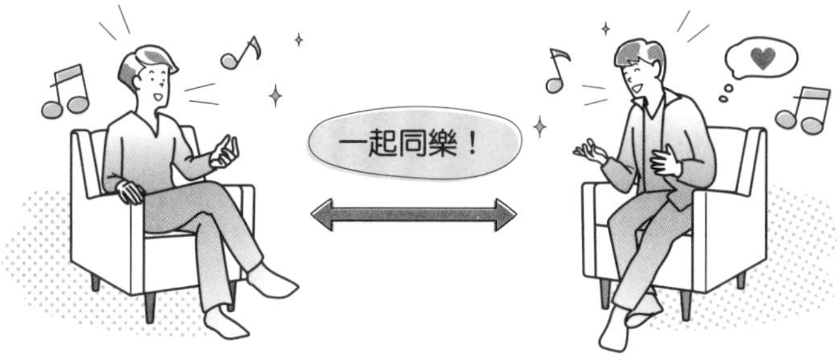

錯誤的努力　努力逗笑對方

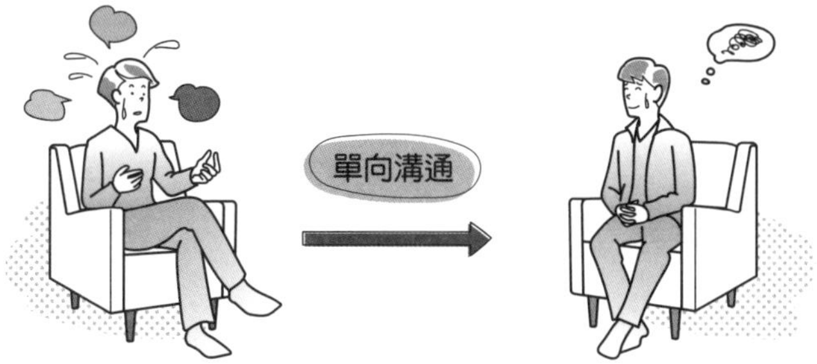

56 讓幸福滋長「表達謝意」的努力

正因許多人的幫助，才有現在的自己

按下開關，燈就會亮；打開水龍頭，水就會流出來；打開手機，就能與世界各地的人連上線。我們之所以能過上這樣的生活，必須感謝許多人的努力。之所以能有所成長，則要感謝父母、朋友及另一半所教我們的許多事。自己一個人能做得到的事情有限，我們都必須互相扶持共生。正因如此，我們應該時常帶著感謝的心情，不應將身處的環境當作理所當然。即便是超商店員幫忙結帳等等，也應表達我們的感謝。如此一來，就能讓大家的心中感到滿足，讓幸福擴散。

正確的努力　對日常中的所有小事，都表達感謝

錯誤的努力　對生活感到理所當然，不輕言「謝謝」

57

善於表達「先從結論說起」的努力

想表達的事（結論）為優先，後續再說過程

許多人應該都有「該如何表達得更簡明易懂？」、「該怎麼做對方才願意聽我說話？」等類似的煩惱。針對這些煩惱，其實只要「先說出想傳達的事」就能解決了。不需要將整個過程從頭到尾說完，因為對方最想知道的是「結果」和「結論」，過程則是其次。所以在表達事情時，不應只顧著說過程，而是「先說出結論，然後再說過程」。無論是向主管報告，還是傳LINE給朋友，又或是向喜歡的人告白時都一樣。

正確的努力　先說結論，再簡單說明內容

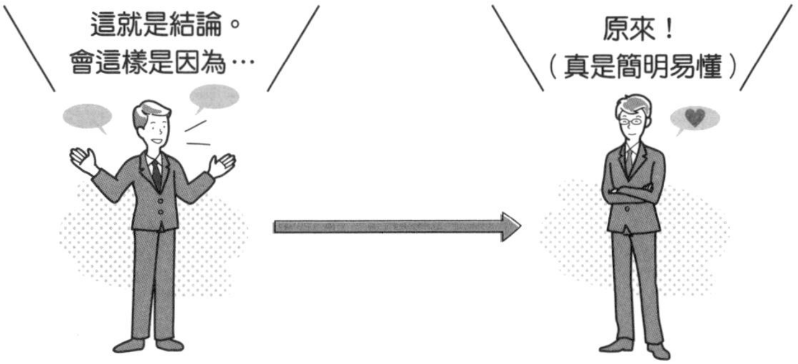
這就是結論。
會這樣是因為…
原來！
（真是簡明易懂）

錯誤的努力　從過程開始說，並將從頭到尾都講一遍

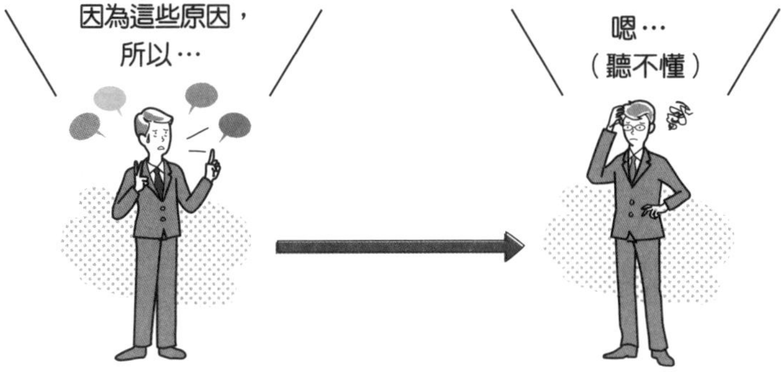
因為這些原因，
所以…
嗯…
（聽不懂）

58 培養優秀員工「不教太多」的努力

協助員工養成自主性

優秀的員工具備「自己思考，並自己找出答案的能力」。也就是說具有「自主性」。想培養「自主性」，就必須給予員工自由，讓員工反覆自己做選擇與決定的過程。然而這並不表示主管不需要做出任何指示，因為若給予過多自由，員工會失去前進的方向。主管應該做的，是給予員工適當的輔助，並提供建議，設定一定程度的規則，讓員工能靠自己找到正確的道路，並持續前進。而不需從小事到大事都自己下指令，只要在身後給予支持即可。

正確的努力　為了培養員工的自主性，給予思考的自由度

可以從這個角度
思考看看～
原來如此！
給予建議即可
培養自主思考的
自主性
靠自己完成了！

錯誤的努力　告訴他從頭到尾的做法

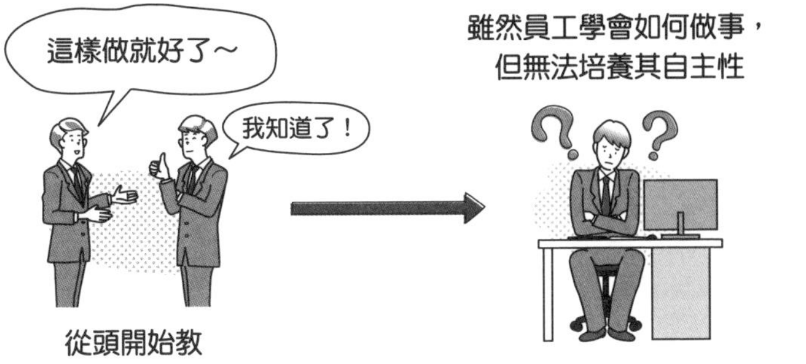
這樣做就好了～
我知道了！
從頭開始教
雖然員工學會如何做事，
但無法培養其自主性

59 優秀領袖「提升團隊成果」的努力

並不是「優秀的隊員＝優秀的領袖」

「平時表現優秀的隊員成了領袖後，卻完全無法發揮成績」。這種事其實常常發生。仔細想想這也是理所當然，因為身為隊員要發揮最好的能力，與擔任領袖並讓團隊拿到最好的成績，所需要的能力完全不同。身為隊員，只要努力讓自己的成績增加2、3倍。但領袖的職責則在於讓所有隊員的力量都加成為1.5倍，讓整個團隊的成績能上漲好幾倍。要成為一個好的領袖，到底該怎麼做呢？那就是以「規範」、「成績」、「成長」、「職責」四個重點，指引團隊的前進方向，並發揮最好的成績。

正確的努力　用四個重點，讓團隊成績最大化

【領袖需要注意的四個重點】

規範
成績
成長
職責
Rules
UP!!

錯誤的努力　手把手教隊員怎麼做，推著他們前進

我這麼做很有效果，
你們只要照辦就是了～

60 提升團隊力量「創造氛圍」的努力

令和時代不可或缺的「心理安全感」

擁有「心理安全感」，指的是為了讓組織及團隊發揮最好的成績，任誰都可以自在地直率發表意見和問題，並指出問題所在的狀態。雖然聽起來理所當然，但要達到這個狀態其實非常困難。我想大家應該都曾有想發問卻沒勇氣，或是發現有誤卻不敢指正的經驗。

要建構一個生產力高的團隊，所有成員都必須朝著同一個方向前進。而其中關鍵就在於製造一個讓大家能直率地發表意見和問問題的氛圍。若能制定規則，讓全員都能發言或問問題最佳。

正確的努力 製造一個大家都能坦率發表意見的氛圍

錯誤的努力 製造由上而下管理，隊長就是一切的氛圍

61 促進成長 「讓對方理解糾正方式」的努力

一起思考，而非單向溝通

沒有人喜歡被罵或被糾正。而糾正的一方也不想沒事罵人。但有時還是免不了必須糾正的時候。若在糾正時，帶著「一起思考為什麼不行這麼做」的想法，即能促進對方的成長。例如我們不應單方面告訴對方「不要遲到！」而是應該問對方「遲到會造成對方什麼樣的麻煩？」並一起思考答案。如此一來，就能讓對方好好思考「為什麼這個行為不對」、「這麼做會產生什麼不好的結果」。既然都要糾正了，就應讓對方能夠有所成長。

正確的努力　一起思考為何不能這麼做

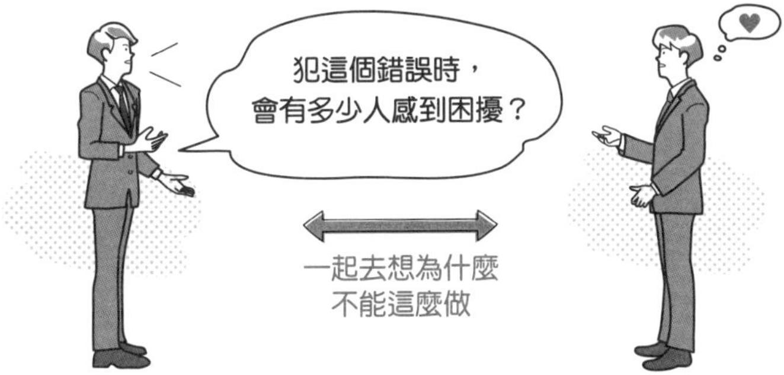
犯這個錯誤時，
會有多少人感到困擾？
一起去想為什麼
不能這麼做

錯誤的努力　光用否定的話語糾正

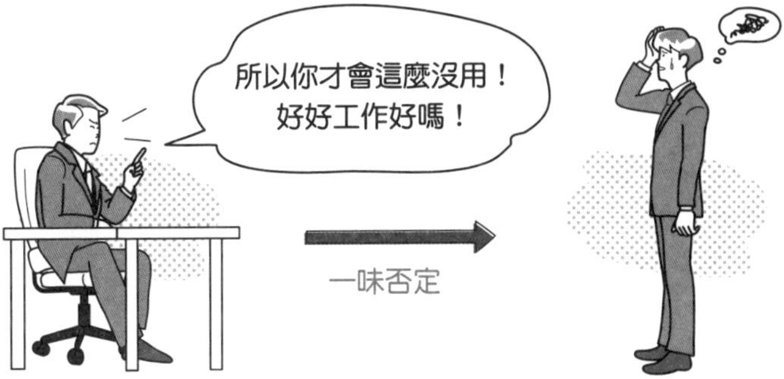
所以你才會這麼沒用！
好好工作好嗎！
一味否定

62 讓精神穩定「不過度反應」的努力

不反應，先暫時接受

我們的大腦會做出反應，這是因為大腦能透過反應得到快感。特別是當自己的意見受到採納時，將會得到更強烈的快感。所以我們才會渴望對所有人的意見做出反應。但其實這也是一件非常危險的事。因為反應這件事，無論是對精神，還是身體來說，都是一件相當累人的事。在這個每天都會接觸到大量資訊的時代，若對任何事都有所反應，我們的體力可支撐不住。而反應也可能讓對立關係更加惡化。與別人的意見與想法有所不同是很正常的事，因此「先暫時接受」很重要。我們應該先接受，然後不做出任何反應。光是如此就可以讓我們的心安定下來。

正確的努力　說「原來如此」，先暫時接受

原來如此…
之前發生了…

錯誤的努力　「應該要〇〇才對」表現出很了解的樣子

應該要〇〇才對
之前發生了…

Column2

成功人士其實只是一路努力過來的普通人

沒有所謂的必勝法則

奧運中獲得金牌的選手、大公司的老闆、職業運動選手、主持帶狀節目的藝人、網紅、YouTuber等等，都是被稱為「成功人士」的人。許多人應該也想像他們一樣。我也不例外，因此讀了許多成功人士們的書籍、故事和訪談。光舉我讀過的商業書籍數量，就已經輕鬆超過一千本了。

我也因此發現了一個令人遺憾的事實。那就是每個人的成功法則不盡相同，有些人的方法甚至截然不同。例如A建議：「應該要〇〇」，B卻建議：「最好不要〇〇」，兩者的意見完全相反。當然我們也可以每種方法都嘗試看看，再選擇適合自己的方法，但當我發現這世界並不存在所謂的必勝法則時，感到非常失落。

但另一方面，我也找到了成功人士之間的共通點。那就是**全神貫注在一件事情上，在獲得成果前絕不放棄，持續努力多年**。奧運選手在成為世界冠軍受到表揚時、老闆的公司成為一流上市公司時、搞笑藝人在M－1搞笑大賽獲得優勝時，都會提及自己是如何努力到達這個成就的。而他們的成功往往都歷經了多年的努力，而非光靠幾個月的衝刺。獲得巨大成功的人們，也都是經過了多年腳踏實地的努力，在無法保證會成功的狀況下，面對自己的人生。

我意識到，光是躺在床上，透過手機看著那些成功人士的英姿，喃喃自語：「真羨慕這個人那麼有才華」、「真希望他教我如何成功」，一點用都沒有。

因為即便知道了成功的方法，**卻只會懶洋洋地滑手機，是不會獲得什麼了不起的成功的**。若對他們抱有憧憬，並希望獲得相當的成果，只能和他們一樣先做出行動，腳踏實地的持續努力。

成功人士其實都是普通人

此外，請容我直說。我發現**所謂的成功人士，其實只是在成功之前，一路努力過**

來的普通人而已。

回顧過去，他們也過著與一般人無異的生活，過著平凡的每一天。若要說有什麼契機改變了他們的人生，想必是因為他們開始行動，並持續努力多年。

其中當然也存在著運氣之差。但多數憧憬成功的人，甚至連跨上「努力的擂台」都沒有。成功的先決條件為腳踏實地的努力，而成功人士各個都是努力過來的。

若想要成功做好某件事，就必須開始某個行動，並且持續執行。除此之外沒有其他答案。

是否能改變人生，關鍵在於那一點點的察覺，以及是否能從察覺的那刻開始行動，並持續下去。**想要獲得成功，並沒有什麼祕技，而成功的方法再簡單不過**。

一個普通人只要持續努力下去就可能成功，這就是人生的法則。因此請先試著開始某件事吧。

「工作太忙，沒時間陪家人」、「只有懂得套關係的人才會得到好處」，許多人都在努力難以獲得回報的環境下苦苦掙扎。我自己也是，上班時間前、下班時間後的加班是家常便飯，也常常遭遇不合理的對待。

而我希望大家可以記得**「制度及組織不會輕易改變」這件事。改變自己還比較快**。

無論是書上、網路、YouTube，到處都充滿了知識。若有不錯的方法，都應採採取行動實行。然後一點一點的改變自己，讓自己處於努力能獲得回報的環境裡，這才是最重要的。我之所以能從無業人士，到二十幾歲就經營一間公司，也是因為從一本本的書中學習知識並實踐，所獲得的結果。試著改變自己，成為努力能獲得回報的人吧。

第3章

學習・吸收・輸出

63 讓學習細水長流「事先準備」的努力

持續學習的意義

許多人在學生時期明明非常努力唸書，成為大人後卻再也不學習了。我認為這是相當可惜的一件事。因為長大成人後的學習方式，較容易獲得成果。在學生時期，我們常常漫無目的的學習，但長大成人後，得以擁有清楚的目的，學習自己喜歡的東西，所以長大成人後更應該好好學習。而學習最重要的就是持之以恆。為此，建議應該在學習前「決定目的和目標」、「擬定計畫」、「空出時間」、「整頓環境」。

正確的努力　持續學習，徹底做好準備

徹底做好事前準備　　　　能長期持續學習

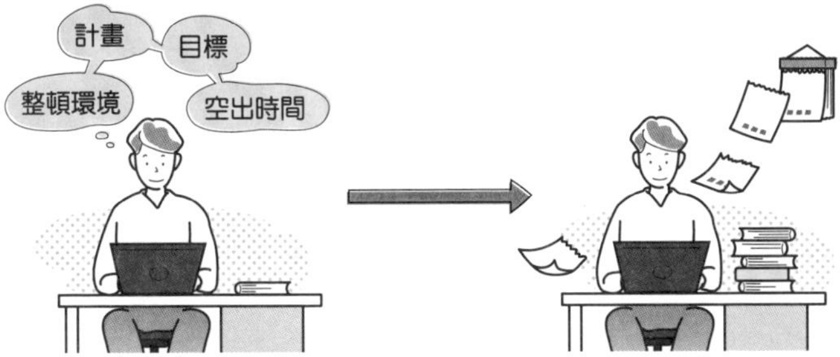

錯誤的努力　短期內一時興起想學習

未做事前準備，
只靠一股拼勁　　　　只能短期間學習

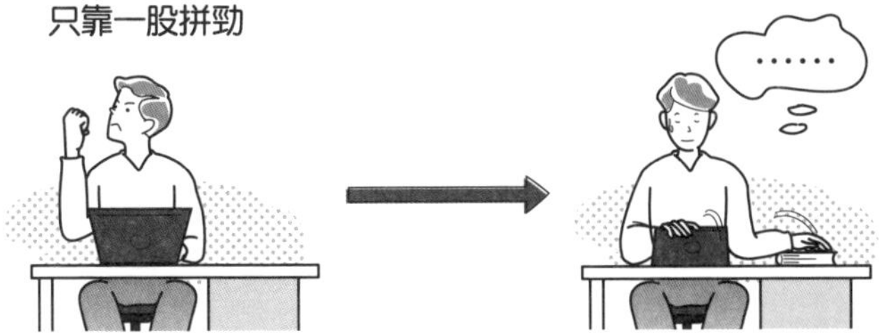

64 在記憶中扎根「習慣性複習」的努力

複習是讓學到的知識在記憶扎根的關鍵

我們的大腦會將反覆看見、聽見的內容判斷為重要內容，並記住。因此只看過一次的內容不太會留在我們的記憶中，很快就會忘記。「艾賓豪斯的遺忘曲線」是由一項實驗所導出的圖表。而這項實驗的結果顯示我們記起一件事的二十分鐘後會忘記42%，一小時後會忘記56%，一天後會忘記72%，一週後則是會忘記79%的內容。透過這項實驗，我們也能得知，要讓我們的大腦一次記牢某件事是不可能的，因此反覆複習相當重要。為了讓記憶留下，我們應該做的不是忘記後才開始複習，而是應該制定一套複習的流程。

正確的努力 制定好複習時間點

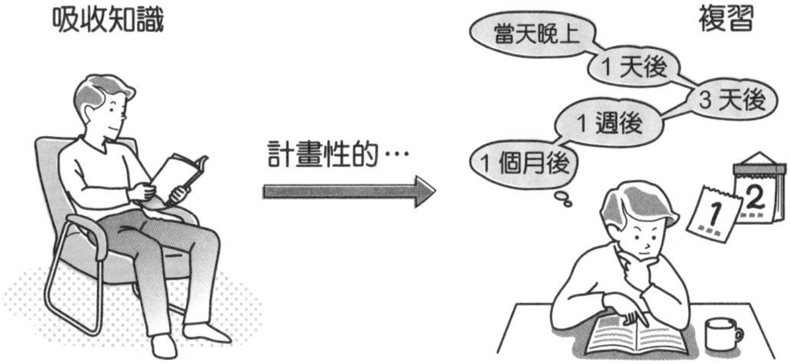

錯誤的努力 隔一陣子後，想到時再複習

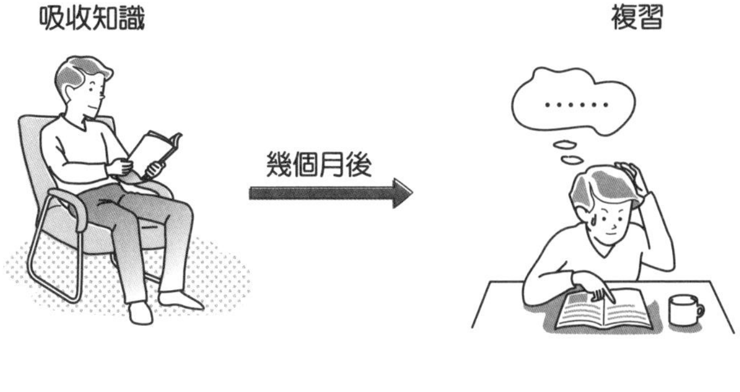

65 不白費吸收知識 「以輸出為前提」的努力

有目的的吸收相當重要

許多人會透過看書、看影片、在網站上查資訊等吸收知識，但卻很少人實際活用吸收到的資訊，大多數人甚至記不起來。會這樣是因為在吸收知識時不帶有目的性。例如若是為了下次的發表，而閱讀說話方式的相關書籍，由於帶有目的性，就不會忘記吸收的內容。我建議大家可以藉由「將學到的知識告訴別人」、「和朋友說」、「運用在隔天的工作上」等方式。即便是再小的動作也無妨，應該試著以輸出為前提吸收知識，以免忘記。這麼做既不會有損失，還能活用知識，是個不錯的方法。

正確的努力　以輸出為前提吸收知識

錯誤的努力　純粹吸收知識

66

加深學習

「反覆輸出」的努力

用各種方法多次輸出

許多人都明白輸出的重要性。但大家是否只輸出一次，便滿足於現狀了呢？將所學發揮到極致的方法，就是以各式各樣的方法輸出運用。例如自己實踐在書中學到的知識，並同時告訴朋友及發布在社群上。透過多次及以多種方法輸出，就能從以各式各樣的角度檢視所學。而我們也能看到分享對象不同的反應，而加深學習。透過增加輸出，更能觸類旁通，請務必試試看。

正確的努力　透過多次、多方法輸出，提升能力

實踐　告訴同事　和朋友說　社群分享

用各式各樣的方法輸出，讓學習變得更廣！

錯誤的努力　實踐一次便結束

實踐　告訴同事　和朋友說　社群分享

只實踐一次太可惜！

67 提升理解度「教導他人」的努力

透過教導他人，更深刻了解知識

教導他人不只能幫助到別人，對自己來說也有相當大的效果。不知各位是否知道由美國國立訓練所所創，用來呈現記憶保留率的「學習金字塔」呢？根據學習金字塔，可以得知光是聽課、讀書的記憶保留率低於10％，但教導他人後，記憶保留率則能飆升到90％。要教導他人並非一件簡單的事。為了讓對方理解，前提是必須徹底了解內容。教導他人可以說是一個契機，讓我們能再次思考整件事情，也能藉此提高記憶保留率，加深我們對該事的理解度。

正確的努力　先想像對方會有的反應，再學習知識並教導對方

他應該會很好奇這個部分吧。
應該會問我問題…

吸收知識時先思考
對方可能會有的反應

教導對方時，
以對方想了解的部分為主

錯誤的努力　只教對方自己在乎的部分

這裡很有趣，
告訴他好了～

只吸收
自己有興趣的部分

只教對方
自己學到的部分

68 能最快速成長「模仿」的努力

一切的開始源於模仿

若希望儘早交出成績，就應該徹底「模仿」在該領域活躍的人。一切都從頭開始學起，靠自己摸索的成長幅度過於緩慢。因此一開始應該徹底模仿，不應過於拘泥所有原因。擁有好成績的人之所以實踐某件事，必定有其道理。若情況允許我們詢問，就詢問對方那些習慣和行為的原因吧。模仿、詢問並非壞事。當理出自己的答案時，再刪減不需要的部分即可。然後再持續磨練自己的手腕，持續提升自己，才是成長的不二法門。

正確的努力 從模仿已有成績的人開始

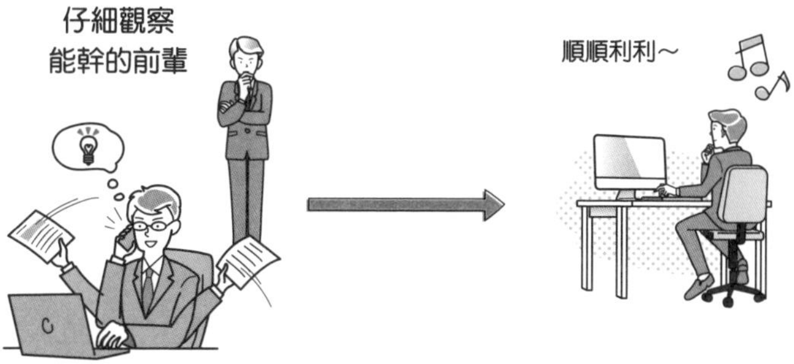
仔細觀察
能幹的前輩
順順利利～

錯誤的努力 無法捨棄自尊，從頭開始學習

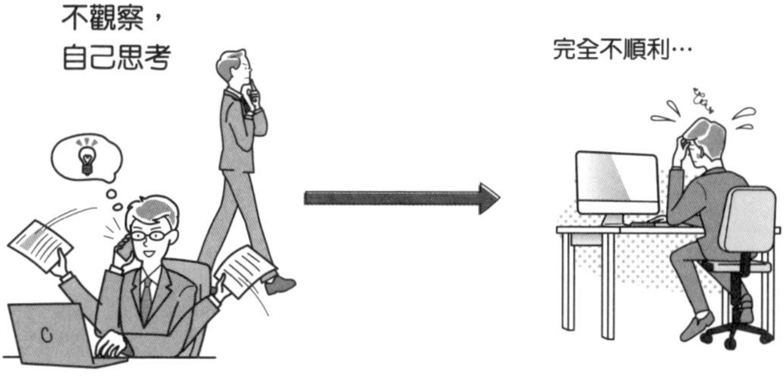
不觀察，
自己思考
完全不順利…

69 徹底習得書中知識「深度閱讀」的努力

深刻讀懂一本書，學習可用的知識

我認為讀書的最大好處，就在於「能夠輕鬆學習前人從經驗所獲得的知識與技巧」。所以我覺得若看完書就立刻忘掉內容，或未實踐於生活中，是非常可惜的。讓讀書流於一種即興娛樂。

要學習實用的知識，應該做的不是「看完就算了」，而是應該「將讀到的內容輸出活用」。必須細讀內容兩、三次，深刻理解。如此一來便能自然而然的牢記，並轉換為能夠活用的知識。

正確的努力　深刻了解書中內容，並轉換為可用的知識！

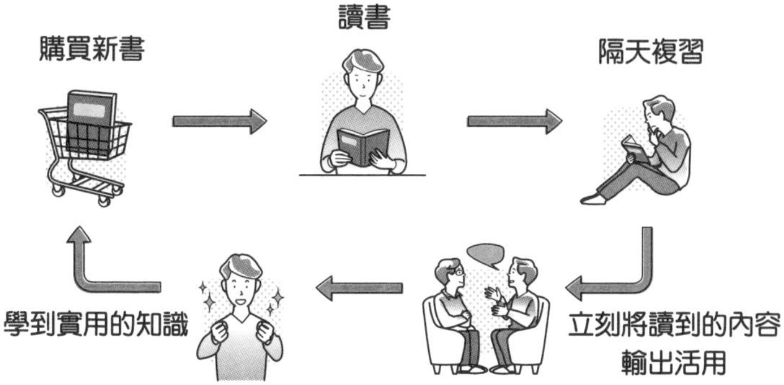

錯誤的努力　為了增加知識，一股腦地讀書

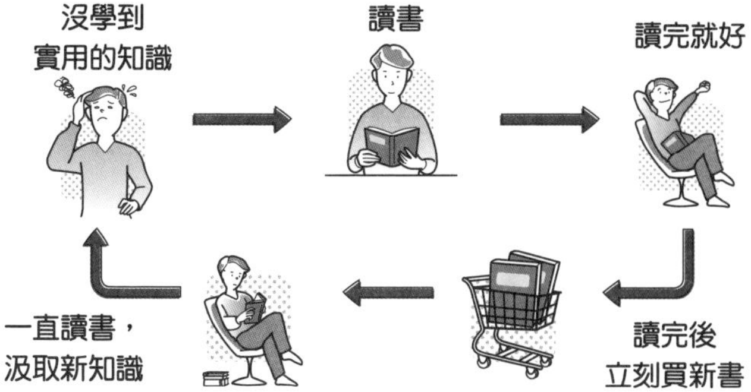

70

看穿本質「做筆記」的努力

做筆記的量能改變思考的深度

在聽別人說話或開會時，我一定會記筆記。萬萬不可不做筆記，試圖憑空記憶。因為大腦能處理的資訊量有限，很快就會忘記。因此應該將聽到的內容寫出來，透過輸出來保留記憶。當有做筆記的意識，將會讓我們比平時更認真聽別人說話。且建議在做筆記時，應寫到「事實」、「觀察」、「行動」三個重點。從事實中看出本質，並落實在行動之中。透過重複一邊做筆記一邊思考的習慣，將讓我們能更深入思考。

正確的努力 事實、觀察、行動 筆記時配合這幾個重點

落實在行動中…

■事實

運動時，不應從一開始就太過拼命。

■觀察

其實想持續做任何事時，都應該循序漸進地努力。

■行動

每天早上散步 15 分鐘。睡前只讀 1 章節的書。

錯誤的努力 只將事實筆記起來

把在意的東西
全都記下來…

■事實

- 以輸出為前提吸收知識。
- 運動不應從一開始就太拼。
- 降低標準，較容易養成習慣。
- 訂好一天的行動模式。
- 不設定過多鬧鐘。
- 一起歡笑。

…

71 加速成長
「深究失敗原因」的努力

不從失敗中學習就虧大了

你是否也曾想著「我可沒時間思考失敗的原因」，就放著過去的失敗不管呢？若是如此，那可就虧大了。因為這樣不僅無法獲得成長，還會使相同的失敗反覆發生。沒有什麼事比反覆發生相同的失敗更浪費時間了。

從失敗中學習時，不能只著眼於表面上的事情，重要的是去探討分析導致失敗的過程。

認真觀察這些過程，以及「一定要看清事物本質」的想法，能讓我們加速成長。

正確的努力　深究失敗的原因，並著手改善

失敗
應該要
這麼做才對！
歷經失敗
從根源追究失敗的原因

錯誤的努力　擅自認定失敗是因為自己能力不足

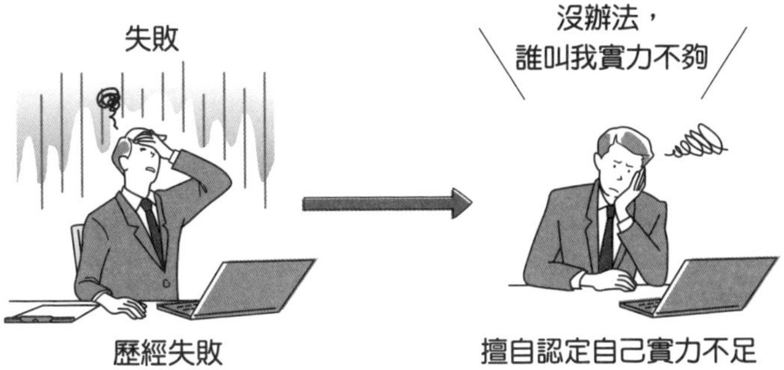
失敗
沒辦法，
誰叫我實力不夠
歷經失敗
擅自認定自己實力不足

72 養成判斷力「累積失敗」的努力

累積失敗反而更能有所成長

「不想失敗」是理所當然的，我自己也有這種想法。但事實上，我們反而應該多累積失敗的經驗。因為這麼一來就能從失敗中學習，讓自己一點一滴的成長。

失敗扮演著路標的角色，讓我們能過上充實的生活。即便失敗的可能性很高，仍願意勇於挑戰的精神其實相當重要。我們在想完成一件大事時，常常遇到「不知到底該怎麼做」的情形。而透過反覆歷經失敗，將能讓我們漸漸減少犯錯，找到正確的道路。這就是關鍵所在。

正確的努力　果敢挑戰，經歷許多失敗

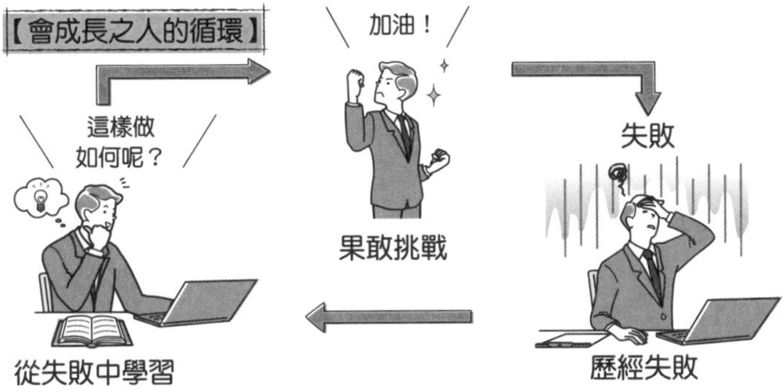

錯誤的努力　因為害怕失敗，只做能力範圍所及的事

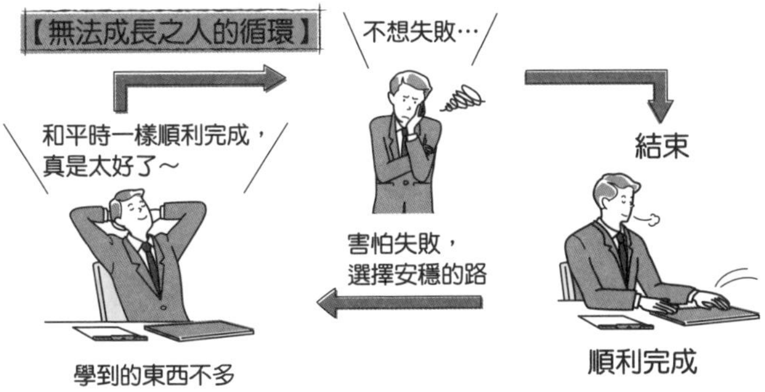

73 讓煩惱消失「活用搜尋」的努力

徹底掌握免費的圖表工具

在現今的時代，我們可以透過網路查到任何資訊。這對不喜歡學習的人來說可說是一大福音，因為不需要習得知識，只要在需要時查詢即可。

那我們該如何尋找自己想要的資料呢？讓我介紹一些訣竅給各位。只要搜尋「煩惱＋解方」如「晚上 睡不著 解方」，就能找出解決煩惱的方法。另外，只要輸入「想做的事＋方法」如「部落格 架設 方法」，就能找出方法。最好能養成用三個以上關鍵字調查的習慣。只要學會活用網路搜尋，就能使工作或個人生活變得更順利。網路搜尋可說是這個時代的祕技，請多加學習如何活用。

正確的努力　用3個以上的關鍵字，搜尋煩惱等各種方法

【想解決煩惱時】

晚上 睡不著 解方

※3 個以上關鍵字

「煩惱」＋「解方」

該怎麼做
才好呢？

【想知道方法時】

部落格 架設 方法

※3 個以上關鍵字

「想做的事」＋「方法」

只要會使用網路，
可以解決各式各樣的煩惱！

錯誤的努力　只是一味搜尋單一事項

【想解決煩惱時】

睡不著

還是
搞不清楚…

【想知道方法時】

部落格

只是搜尋，
無法得到理想答案。

74

為讓記憶扎根「精選資訊」的努力

捨棄不必要的資訊

我們每天都經會由手機等工具取得大量的資訊，但卻記不得大部分的內容。因為若蒐集了自己不感興趣的資訊，將很難吸收成為自己的東西。即便如此，大腦還是會花力氣處理這些資訊，徒增疲勞。

因此在蒐集資訊時，應該只擷取我們真正需要的資訊，重點式蒐集。特別是社群網站會不斷推薦你感興趣的內容，其實相當危險。只擷取真正需要的資訊，能減去不必要的疲勞，也能讓真正重要的資訊留在我們的記憶中。

正確的努力 只取得真的用得上及需要的資訊

這個用不上
這也用不上
這個很重要
神清氣爽！
這也用不上
這個感覺用得到
這個很重要

錯誤的努力 蒐集所有看起來還不錯的資訊

這個感覺用得到
這個感覺也用得到
這個很重要
資訊太多了…
這個感覺也用得到
這個感覺也用得到
這個也很重要

75 不被謊言左右「懂得分辨資訊」的努力

判斷資訊是否值得信任

由於網路的發達，這個時代充滿了各式各樣的資訊。因此懂得分辨資訊顯得格外重要。網路上的文章與書本等不同，許多都純屬個人意見（特別是社群媒體）。因此我們必須分辨這些內容到底屬於「毫無根據的個人意見」還是「有科學證據，正確且用得上的資訊」。若免費又能輕易取得，就有取得「假的資訊」的風險。因此我們必須時常帶有「這個資訊是正確的嗎？」的角度審視。並在反覆嘗試之下，培養分辨資訊的能力。

正確的努力　確認資訊是否有證據佐證

這資訊是東京大學的研究內容，可以信任！

證據的例子

- 數值、數據
- 調查機構
- 出處

錯誤的努力　輕信看似不錯的資訊

這內容感覺不錯，應該可以相信吧…

懂得分辨資訊是個人意見、感想，還是有證據的內容非常重要！

76 立刻行動「整理資訊」的努力

未經整理的資訊無法使用

雜亂無章卻無法立即使用的資訊，其實並不具有意義。唯有能立即使用，才派得上用場。因此，就讓我們試著活用筆記APP和網路服務，集中管理蒐集到的資訊及資料等吧。

我則是使用一款叫「Evernote」的筆記服務來管理我的資訊。除了以資料夾輕鬆管理資訊，還能幫我保存網路上的文章及資訊。由於能夠保存照片和檔案，也能掃描文書，因此也能用來搜尋其中資料。另外也能同時在電腦和手機使用，相當方便。

正確的努力 活用筆記APP，依照種類保存

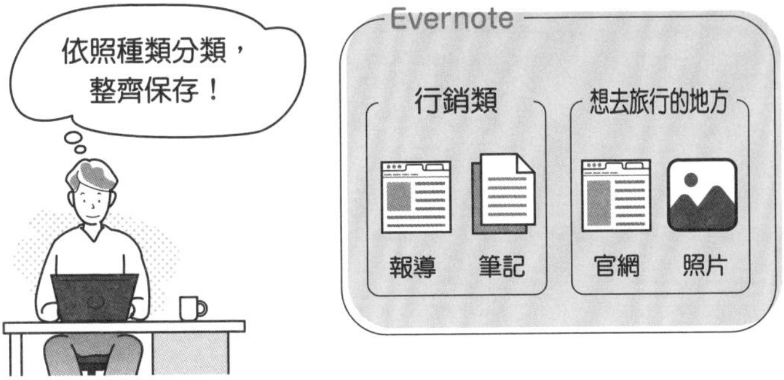

錯誤的努力 用電腦中的書籤暫存

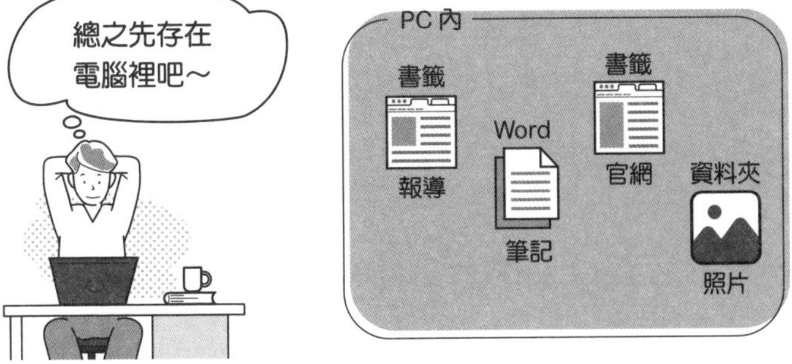

Column3

透過心無旁鶩的努力，發揮真正的價值

只要堅持到底交出成績，你的世界將有所不同

若你正因想改變人生而努力著，我建議你應該將你的努力集中在同一件事上。因為唯有心無旁騖，努力才能發揮真正的價值。

在這個時代，我們必須做很多事，許多人每天都感到「好忙」、「沒空」。另一方面，社群網站及搜尋引擎不斷推播為我們量身打造的內容，讓我們出現許多「想做的事」。但我們絕對沒有時間每一項都去做。解決方法有一個。那就是**全心投入在現在最想達成的目標**。這是將努力的價值發揮到極致的最佳方式。

心無旁騖其實不難。接下來我將介紹幾個自己有在實行的步驟。

① 在紙上寫出想做的事，在其中最想做的項目打圈。

② 從書籍等媒介蒐集知識，以完成目標。

③ 訂定日程，全神貫注於實行必須做的事。

就只有這些步驟。

若都已經做到第③步驟，就只剩下實行面了，因此應該毫不猶豫全力衝刺。在這個階段，就不該再去想「是不是還有其他選擇」、「是不是還有其他更重要的知識和技巧呢」停下腳步。

因此在①和②階段時就應該審慎思考並下決定，當下好決定，就不再回頭。只要埋頭做該做的事，一定會達成目標。若想獲得成績，下定決心比什麼都重要。

若想改變人生，只能做出行動。許多人非常不滿於沒有成果，不斷煩惱，並停下了腳步。什麼都想做，卻流於空想，只是不斷尋找有沒有好的訣竅。

唯有行動能讓成果化為現實，花時間行動遠比花時間煩惱、學習、計畫要來得重要。現在就選出一件真正想挑戰的事，並針對目標全力行動，才會為人生帶來變化。

專攻於一件事是現代的攻略法則

只要交出一次成績，往後的人生將豐碩得令人難以想像。

假設我們在TOEIC考試中成功拿到九百分，並將心得分享至YouTube、X（Twitter）、Instagram等社群平台，將能吸引大量粉絲關注並詢問「要怎麼讀才能拿到九百分呢？」或「有沒有推薦學英文的書籍？」等問題，因為大家都渴望向取得實際成效的人請教經驗。

這社會上有許多人，也想和你一樣認真從事某件事。因此若交出成績就會受到矚目，粉絲也會增加，人和資訊自然會聚集到我們身邊。

而在這些正面因子的累積之下，讓我們更容易獲得下一個成功。也能完成自己真正想做的事。

專注於某件事，並上拔得頭籌，交出成績，應該可說是現代最聰明的攻略方式了吧。因此我們應該先試著專注於一項事物上，然後一心一意，努力放手去做。

Column4

只要不放棄，努力一定會有回報

成功就等在反覆挑戰之後

許多人容易在挑戰某件事的三個月之內就立刻放棄。且容易因未能獲得成績而感到失落，並選擇開始新的事情。這麼做不僅可能養成容易輸的特質，最重要的是這麼做無法獲得優異的成效。這種「總之先試試再說的精神」會讓我們的人生永遠停在學習的階段。

那我們到底該怎麼做才好呢？簡單來說，就是**下定決心，選擇一個項目持續下去**。因為要獲得巨大的成就，是需要花時間的。

我常常以擲骰子遊戲來比喻「挑戰與成功」這件事。請讓我向各位介紹規則。擲兩顆標準的骰子，當骰出兩個相同的數字時便算成功，數字不同則算失敗。順帶一提，你可以骰骰子無數次。沒有一次成功很正常，而一次便成功的機率為三十六分之一，約為2.8%左右。也就是說骰一百次約有三次會成功。

為了骰出相同的數字，你會怎麼做呢？

沒錯，那就是骰上數十次，直到出現兩個相同的數字。當骰十次時，成功機率將提升至25％；骰二十次時，成功機率則將提升至約43％；骰四十次時，成功機率約為68％，骰一百次時的機率則約為94％。

我並不是要在這裡和各位討論機率問題。重要的是**就算面對未能立即成功的挑戰，只要在成功之前反覆重複無數次，就一定能成功**。

人生中的挑戰亦同。真正獲得成功的，都是那些不斷地骰骰子的人。另一方面，未能獲得成功的，就是那些雖然骰了幾次，卻因遲遲未出現同樣的數字，而中途放棄的人。明明再骰一次說不定就能成功了。當然也有機率可能骰不到，但這就如同人生，沒有一定能獲得成功的保證。

只有就算遇到不合理、運氣問題等一切困難，仍願意持續挑戰的人才有機會獲得成功。若未來再遇到任何挑戰，請一定要想起擲骰子遊戲。

雖然過去發生的事實無法改變，但能改變意義

在為了某項挑戰而努力時，總是帶著一半能獲得理想未來的興奮感，以及一半害怕事與願違的不安。有時也可能流下不甘心的淚水，或難受到低落個一週。當然也有障礙重重，感到挫折的時候。

但只要跨越這一切，不放棄挑戰，總有一天會得到回報。若在骰骰子三十次仍未骰到相同數字時就放棄，那三十次的結果都只能算是失敗。但若在第三十一次時骰到了相同的數字，那前面骰的三十次都有了意義。**當獲得成功時，過去的失敗全都會成為成功前的準備**。

沒錯，過去發生的事實確實無法改變，但我們可以改變那些事情的意義。只要一直努力直到獲得回報，過去的一切都將受到肯定。

若現在的你正在挑戰某件事，並感到痛苦，那是因為你還在努力當中。在持續挑戰的未來，將能抓住成功的光芒。只要不放棄，努力必定會得到回報。

故事3 罹患適應障礙，再度失業

三年前的二〇二〇年，我27歲，出社會第五年。我被繁重的業務與工作壓垮，達到害怕上班的高峰。並受精神科診斷為適應障礙，離開了費盡千辛萬苦才獲得錄取的工作，面臨人生第二次失業。**即使再怎麼努力，我仍無法順利融入社會**。為了能過上付出的努力能獲得回報的人生，我下定決心要成為經營者。

我吸收了在商業書籍及社群上學習到的資訊，決定挑戰「網路行銷及教育業」。一開始，我和第一次無業時一樣，一天的作業時數將近15個小時，事業也因此有了起色。在X（Twitter）上遇到工作夥伴也是一個很大的影響。**在現今，我們能輕鬆在網路上獲得一些技巧，也可能藉此找到工作**。我特別推薦希望努力有所回報的人，考慮自己創業。

第 4 章

動力・習慣・環境・人生

77

改變人生「改變環境」的努力

生活環境會造就一個人

我們的想法、個性，皆會大大受到環境影響。若生活在陰暗的房間，心情也會變得黯淡；若生活在滿是雜物的髒亂房間，個性也會變得大而化之。相反的，若一直生活在乾淨整潔的房間，就會轉變為容易注意到細節的個性。為了讓我們接收到來自生活環境的正面影響，我們必須讓自己的理想生活中不需要的物品遠離視線。此外，透過將生活環境改造為理想中的風格，自己的個性與想法也會跟著轉變，行動與習慣也都會跟著改變。若認為現在的自己與理想相去甚遠，請先試著整理房間，從生活環境開始試著改變吧。

正確的努力　捨去不需要的物品，身邊只擺放所需的物品

錯誤的努力　雜亂不整理，身邊許多不必要的物品

78 自然產生動力「設定小小引信」的努力

動力是開始做之後才會出現的

能成功完成某件事的人有一個共通點，那就是他們都擁有行動力。那我們又該如何提升行動力呢？其實答案就是即便沒有動力，也應該以一個我們辦得到的小小行動當作引信，不要多想直接開始行動。以晨跑為例，就是設定「六點就離開家門」；在家工作的話就是設定「九點一到就把電腦開機」等等。如此一來，便能自然而然地持續下去，在我們行動時，便會自然而然會出現動力。這是由心理學家克雷佩林所發現的原理（作業興奮）。當開始作業後，專注力（動力）便會自然湧現。即便一開始缺乏動力，只要立刻開始行動，動力就會自然而然地出現，使行動力提升。

正確的努力　設定能輕易辦到的事當做小小引信

【小小引信】

6點一到，
就離開家門

湧現動力，
更容易做出行動

錯誤的努力　等待心情準備好，才開始行動

先看一下影片
再做好了…

幾小時後…

都這麼晚了，
明天再做好了～

79 養成習慣「不勉強」的努力

大幅降低目標

我們常聽到有人志得意滿地說著自己要「養成習慣」，卻在三天後就受到挫折。會發生這種狀況，最大的原因，就是一開始就把目標設得太高了。例如想養成讀書習慣時，若決定「我每天都要讀1小時的書」，就是把目標設得過高。要一個過去不太讀書的人，專注1個小時，還要將這個習慣持續下去，幾乎不可能。因此應該做的是先從「每天讀書10分鐘」開始做起。若把目標設為10分鐘，不覺得就能持續下去了嗎？當能夠毫無勉強地每天持續讀10分鐘，再一點一點地將目標提高到30分鐘、1小時，慢慢接近目標非常重要。

正確的努力　**先從小的目標開始設定，再慢慢提高**

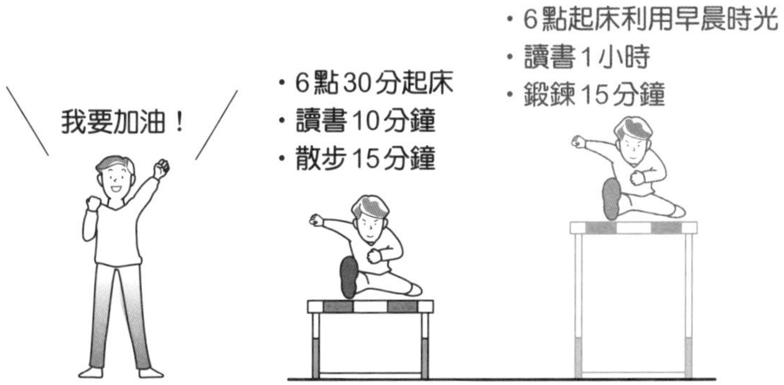
我要加油！
・6點30分起床
・讀書10分鐘
・散步15分鐘
・6點起床利用早晨時光
・讀書1小時
・鍛鍊15分鐘

錯誤的努力　**一開始就設定過高的目標**

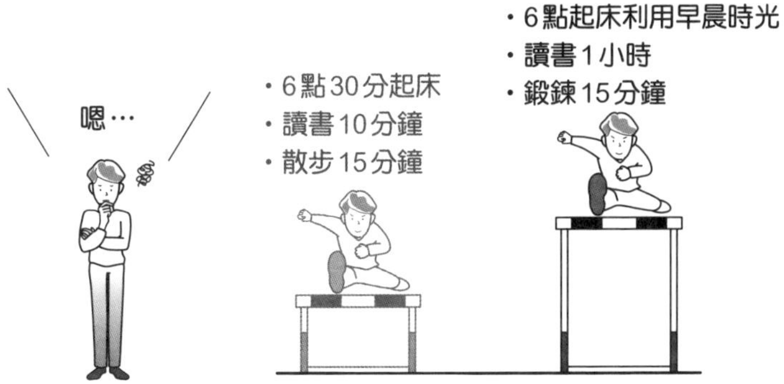
嗯…
・6點30分起床
・讀書10分鐘
・散步15分鐘
・6點起床利用早晨時光
・讀書1小時
・鍛鍊15分鐘

80 脫離手機掌控「整理APP」的努力

成為控制手機的一方

手機是我們做任何事都不可或缺的工具。例如用來地圖、聽音樂、上網查詢等，手機中也有許多能提升我們生活品質的APP。然而有時一看YouTube，就會無限消耗我們的時間；LINE和X（Twitter）等社群網站的通知，也會持續削弱我們的專注力。雖然手機是一個非常方便的工具，但若不加以控制，就會讓我們的時間和專注力都被掠奪。想控制手機的使用時間，首先應將主畫面上不需要的APP都刪除。當刪除後，就不會因為看到而好奇，只是一個小小動作，也會帶來大大的改變。

正確的努力 清楚決定使用目的，設定使用時間限制

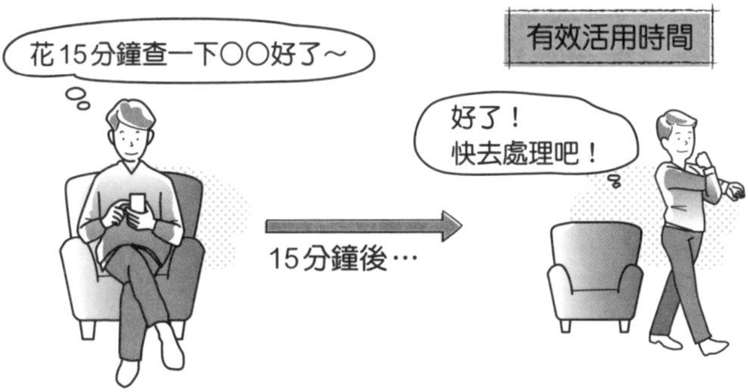
花15分鐘查一下○○好了～
有效活用時間
好了！
快去處理吧！
15分鐘後…

錯誤的努力 不做任何規劃，一直滑手機

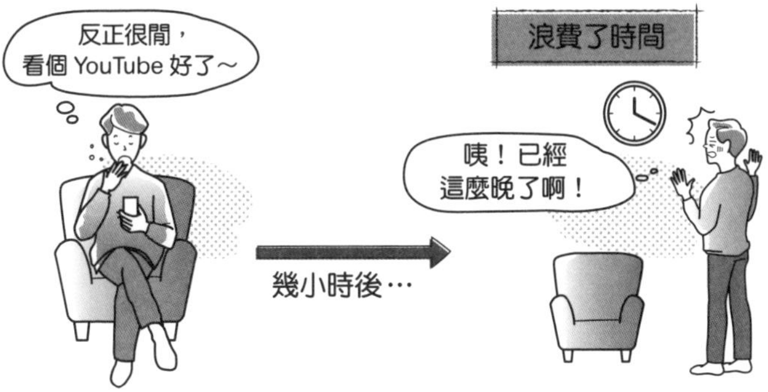
反正很閒，
看個 YouTube 好了～
浪費了時間
咦！已經
這麼晚了啊！
幾小時後…

81 堅持下去「設定目標門檻」的努力

超越66天這個小目標

讀書、早起、減重。許多人都因為無法持續上述目標而煩惱。那我們該怎麼做才能持之以恆呢？有三個簡單的訣竅。①將目標的門檻降低②試著持續66天③在月曆上標示〇×。就這麼簡單。根據倫敦大學的研究，人只要持續做一件事66天，就會養成習慣。因此就先以66天為目標即可，可以先從訂定「讀10分鐘書」的小門檻開始吧。然後再根據是否有確實做到，在日曆上記錄〇×。若×比較多，再將目標改為把×控制在每週小於兩個。希望大家可以透過這些小小的努力養成習慣。

正確的努力　將目標門檻設定低一點，打造持續66天的模式

【3步驟讓我們持之以恆】

STEP 1
這個我應該做得到…
將目標門檻
設定較低
STEP2
今天也辦到了！
在月曆上
做○×記號
STEP 3
太好了！
完成持續
66天的目標
GOAL
持續66天

錯誤的努力　依賴自己的意志力，想靠毅力維持下去

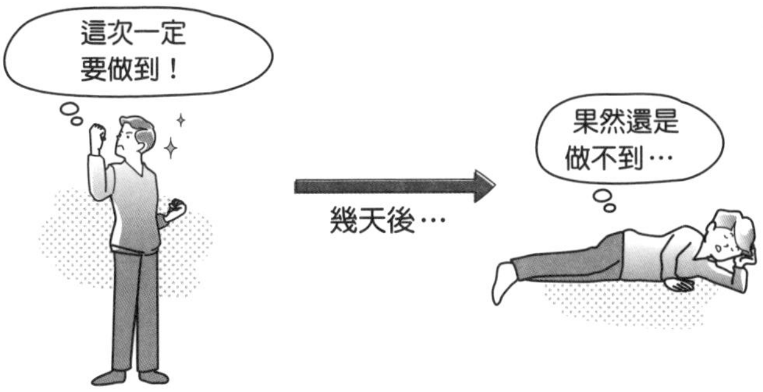
這次一定
要做到！
幾天後…
果然還是
做不到…

82 為了持續下去「享受小幅度成長」的努力

只要感受到小幅度的成長，便能持續下去

許多人「想放棄」的原因，單純是因為「不開心」。只要每天都感到開心，無論是工作還是習慣，都能不感到痛苦地持續下去。而感到開心的人所交出的成績，也明顯優於不開心的人。那人究竟在什麼時候會感到「開心」呢？那就是「實際感受到自己的變化與成長時」。例如「考試成績進步了」、「成功和客戶簽約了」等等。當會做的事增加，獲得了好成績，人就會感受到樂趣。即便是再小的事也無妨，實際感受每天小小的變化及成長，就是快樂的訣竅。

正確的努力 珍惜小小的成長，實際感受自己的變化

實際感受小小的變化　實際感受小小的變化　實際感受小小的變化　愈來愈開心

昨天　今天　明天　…

錯誤的努力 每天淡然地重複一樣的事情

重複做相同的事　重複做相同的事　重複做相同的事　感到無聊

昨天　今天　明天　…

83

提升效率
「睡眠第一主義」的努力

以睡眠時間為第一考量

為了增加活動時間而縮減睡眠時間，是負面循環的開端。若沒有充足的睡眠時間，將使專注力及思考能力下降，表現變差，得到慢性病的風險也會跟著上升。如此一來，就失去縮減睡眠時間，增加活動時間的意義了。為了維持良好的表現，必須將保有足夠的睡眠時間當作第一優先考量。

一般來說，一天需要7個小時的睡眠時間。請先將睡眠時間列入排程考量，整頓生活節奏吧。

正確的努力　每天最少睡滿7小時

每天最少睡7小時　每天都帶著好心情起床　週末也一樣睡7小時　帶著好心情起床活動

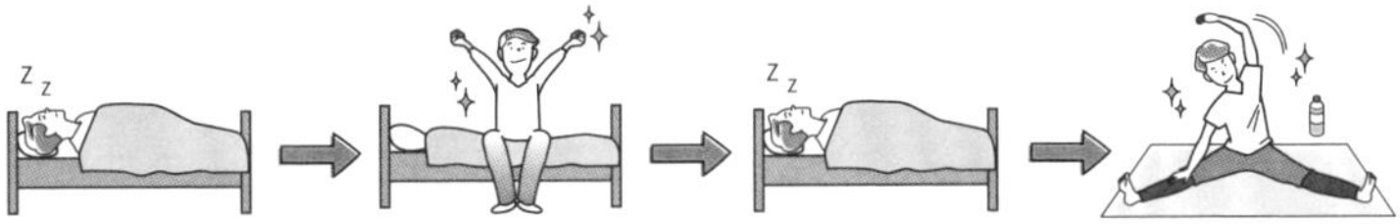

錯誤的努力　試圖利用週末補眠

每天睡不滿7小時　睡眠不足仍勉強自己起床　週末睡得比平常更久　中午過後才起床

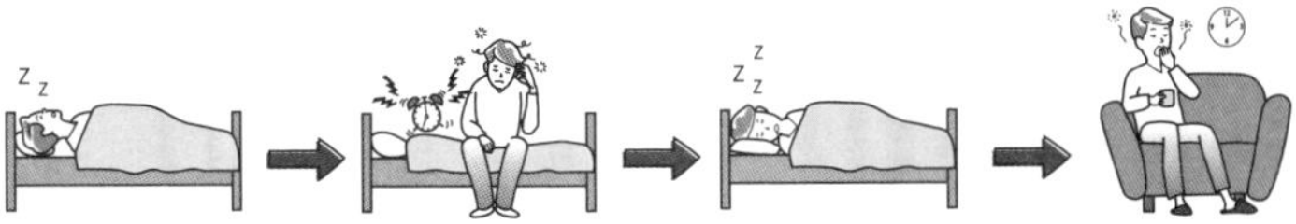

84

得到充實人生「早起1小時」的努力

睡前準備，就算是一種晨間時光的利用

在我養成的習慣中，最具效果的就是「利用晨間時光」。人類在起床後的兩到三個小時內是專注力的高峰，也是大腦的黃金時段。此外，一早本來就沒什麼人會主動聯絡，因此晨間時光也可說是一段不會被任何人打擾，專屬於自己的特別時光。而是否能有效活用這段時間，將大幅改變我們人生的豐富度。然而許多人都會想把早晨拿來睡覺，並認為「我才沒辦法那麼早起」吧。最簡單的實踐方式，其實是「比平時提早1小時睡覺，然後提早1小時起床」。此外，當睡前先決定好隔天要做的事，將使我們更容易在醒來之後展開行動。

正確的努力　在前一天事先決定好待辦事項

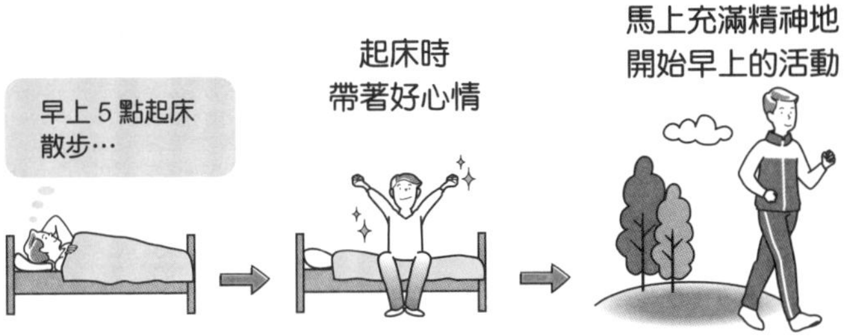
早上 5 點起床
散步…
起床時
帶著好心情
馬上充滿精神地
開始早上的活動

錯誤的努力　總之起床後再想要做什麼事

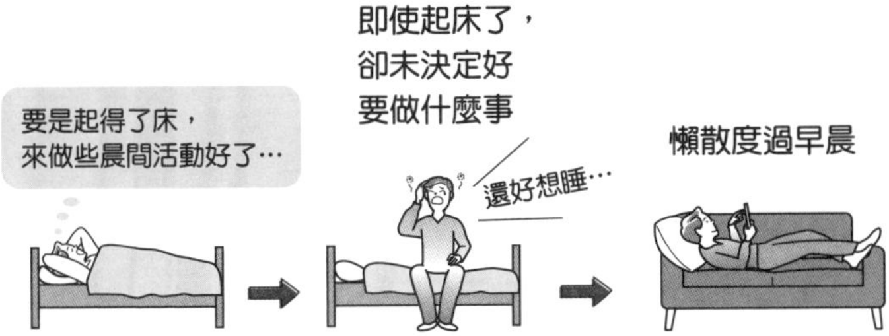
要是起得了床，
來做些晨間活動好了…
即使起床了，
卻未決定好
要做什麼事
還好想睡…
懶散度過早晨

85 神清氣爽起床
「生活節奏」的努力

只要擁有正確生活節奏，早起就是件簡單的事

習慣早起的人並不一定「意志力堅強」。現在的我，意志力其實也沒有那麼強。即使如此我仍能每天早起的原因，其實單純是因為我已經習慣了這樣的生活節奏。只要確立了正確的生活節奏，早起其實一點也不痛苦。起床時之所以會感到辛苦，是因為一直以來，你都選擇了會讓自己感到辛苦的生活節奏（看YouTube看到很晚，隔天早上必須用很多鬧鐘叫醒自己等等）。

我們的身體及大腦基本上需要7小時的睡眠時間。訂定好「睡覺時間」和「起床時間」，以確保能得到7小時的睡眠時間，正是輕鬆早起的第一步。

正確的努力 決定一天的行動習慣，每天神清氣爽起床！

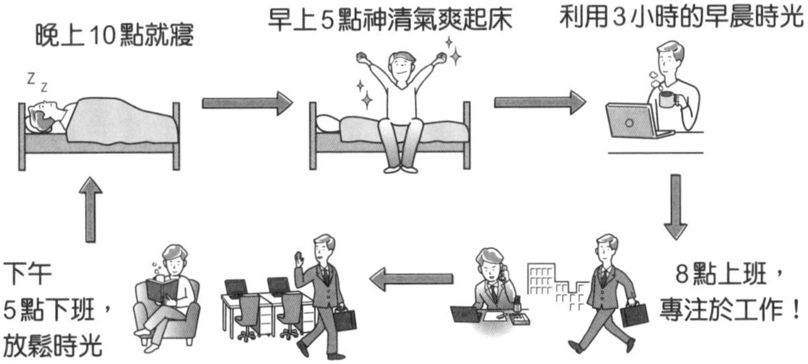
晚上10點就寢
早上5點神清氣爽起床
利用3小時的早晨時光
8點上班，
專注於工作！
下午
5點下班，
放鬆時光

錯誤的努力 設定很多鬧鐘，逼自己的身體醒來

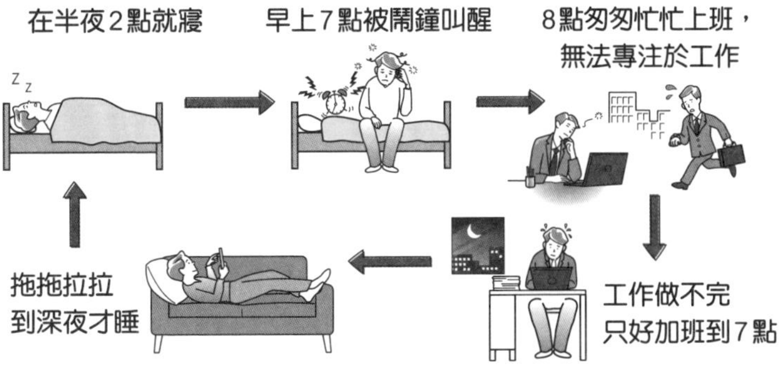
在半夜2點就寢
早上7點被鬧鐘叫醒
8點匆匆忙忙上班，
無法專注於工作
工作做不完
只好加班到7點
拖拖拉拉
到深夜才睡

86 提升睡眠品質「睡前30分鐘」的努力

專注於放鬆

睡前的30分鐘，是非常重要的一段時間。這是因為度過這段時間的方式，將大大影響我們的睡眠品質。睡眠品質高，每天都能熟睡並神清氣爽地醒來的人，都將這30分鐘用來讓自己放鬆。例如看書、寫日記、和伴侶聊天、聽放鬆的音樂，總之就是過得很悠閒。絕對不會用來碰手機、看影片。在睡前兩個小時前就吃完飯，90分鐘前洗澡，不看手機、電視和電腦。而是看書等等，悠閒度過。如此一來便更容易熟睡了。

正確的努力　為了提升睡眠品質，度過輕鬆的睡前時光

睡覺90分鐘前泡澡15分鐘 → 透過讀書等活動放鬆 → 固定時間就寢 → 每天早上神清氣爽的起床

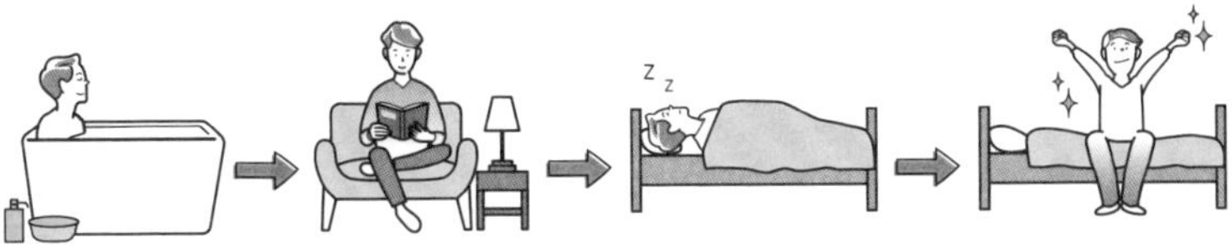

※建議在睡前2小時前吃完飯。

錯誤的努力　以為能舒壓，做喜歡的事到最後一刻

沖澡了事節省時間 → 做自己喜歡的事做到很晚 → 在開始想睡的時間才就寢 → 每天早上很痛苦，還是逼自己起床

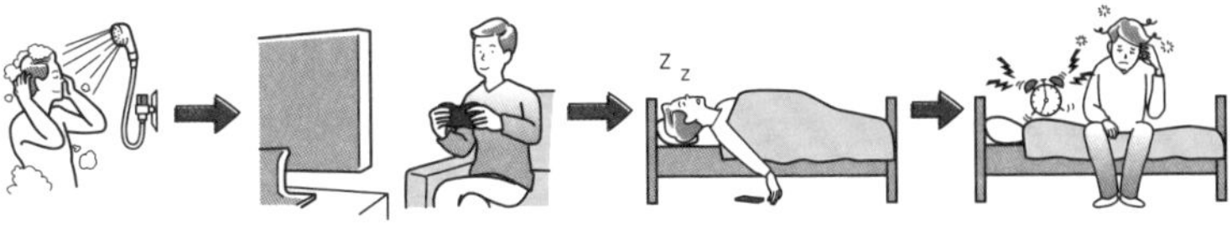

87

從疲勞中恢復 「遠離手機」的努力

正確的休息方式，是不使用眼睛與頭腦

你是否每當工作告一段落開始休息，就馬上用手機看社群網站、玩遊戲呢？其實這麼做非常不好。很可惜的，使用手機並無法讓我們真正的休息。眼睛和大腦反而會為了處理手機中大量的資訊，而變得更加疲累。而久坐其實也是相當危險的狀態。不僅會導致血液循環變差，也使專注力愈來愈低。正確的休息方式其實是完全不用手機，讓眼睛和大腦休息。然後偶爾起身稍微走走，活動一下筋骨，改善血液循環。或去戶外看看大自然，能讓自己從疲勞中恢復，也能維持好的表現。

正確的努力　盡量不用眼，好好休息

不用手機，
讓眼睛和大腦休息

休息後恢復精神，
並能專注於工作

※ 若能稍微走動尤佳。

錯誤的努力　一直用手機，看社群網站等

馬上用手機，
看社群網站

累積更多疲勞，
專注力下降

88 決定你一天好壞「養成吃早餐習慣」的努力

一定要吃早餐

一天之中最重要的一餐，就是「早餐」。是否有吃早餐，將影響我們一整天的表現。人在睡覺時，血糖會開始下降，體溫也會降低。在這種狀態下，自然無法發揮應有的表現。此外，在身體營養枯竭的狀態下吃午餐，會使血糖迅速飆高，隨後被疲倦感侵襲。

早餐必須均衡攝取「水果」、「優格等乳製品」、「蛋」、「飯、麵包、麵類」等食物。只要意識到「吃早餐」、「均衡攝取三種類以上的食材」、「吃飯時不看手機」，就會讓身體發生巨大的改變喔。

正確的努力　吃富含高蛋白和維他命的早餐

醣類　　高蛋白　　維他命

&

&

飯、麵包　　蛋、起司　　水果

錯誤的努力　只吃飯和麵包等主食

只攝取醣類　　高蛋白　　維他命

&

&

飯、麵包　　蛋、起司　　水果

89

讓身心都感到幸福「八分滿」的努力

人不需要吃過飽

應該很多人曾因吃太飽而感到後悔吧？其中又屬「午餐」最容易帶來不好的影響。因為當人吃得很撐時，就容易想睡，使下午時無法專注於工作上。而「晚餐」過量也非常不妙。吃太多之後運動量會跟著受限，可能成為造成肥胖的原因，也會使睡眠品質降低。基本上，現代的我們都吃太多了。吃過多只會對身體帶來不好的影響。吃很多自己喜歡的東西，也許真的會感到幸福，但在吃完後往往會襲來一股罪惡感。把食量控制在八分飽，無論是在吃的當下或吃完後，都能感受到幸福。

正確的努力　注意進食時間，並控制在八分飽

在不會太晚的時間，
將食量控制在八分飽。

錯誤的努力　在喜歡的時間任意進食

在深夜吃喜歡的東西，
吃到十二分飽。

90

真正瘦下來「重新審視生活」的努力

正確的減重不會復胖

看到「可以不用控制飲食輕鬆瘦」的廣告，大家應該都會覺得很吸引人吧。很遺憾，這種減肥方式也很可能導致復胖。雖然有些人會採取暫時控制卡路里的方式，但即便變瘦，一旦恢復原本的生活習慣便會復胖，因此我也不推薦這種方法。因為其實真的有不會復胖的正確減重方式。

那就是「重新審視飲食方式＋鍛鍊肌肉」。發胖的原因其實就是攝取了超出身體所需的卡路里，因此請先試著控制這點。而對燃燒脂肪來說，很重要的就是提升「基礎代謝」。只要靠這兩點計畫性減重，就能維持理想的身形。

正確的努力　重新審視飲食方式，並鍛鍊肌肉，計畫性減重

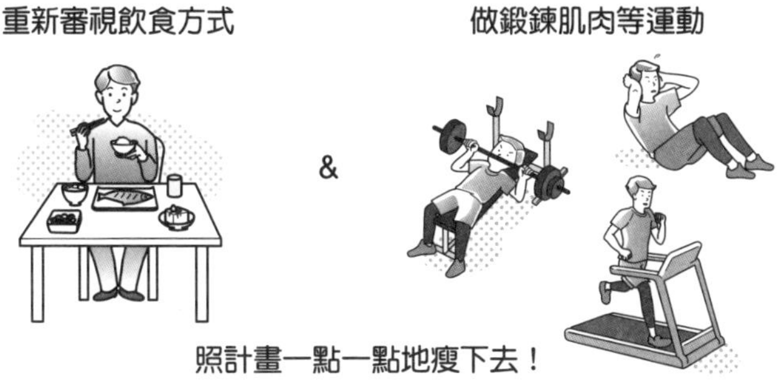

重新審視飲食方式
&
做鍛鍊肌肉等運動
照計畫一點一點地瘦下去！

錯誤的努力　極端控制卡路里，短時間一口氣減重

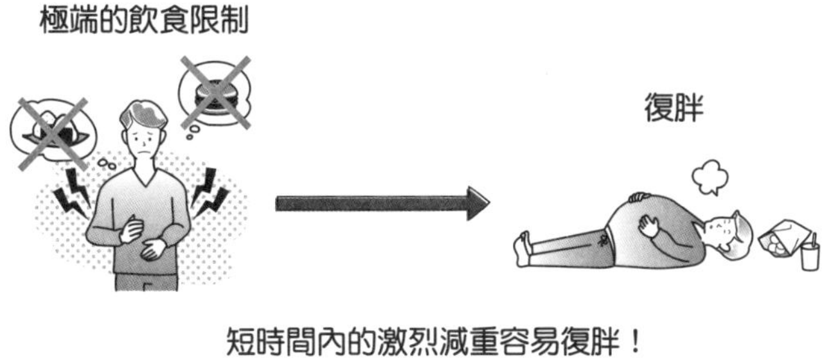

極端的飲食限制
復胖
短時間內的激烈減重容易復胖！

91 保護身心「微運動」的努力

只要一天做20分鐘的運動即可

許多人都認為「運動至少要做到一個小時」，但事實並非如此。其實一天只需要運動20分鐘左右。而且並非指跑步、重訓等運動，只需做快走程度的輕度運動便足夠。重要的是先降低運動的目標門檻。

光是20分鐘的輕度運動，就能提高認知功能，減輕壓力，讓心情變好。進而打造健康的身體，提升幸福感。而其中最重要的就是持之以恆。建議大家可以訂定每天的運動時間，並排入日程中。

正確的努力　持續每日20分鐘的輕度運動

從散步20分鐘
等輕度運動開始

不勉強自己，
每天持續下去

錯誤的努力　希望每天都做滿1個小時的運動

從1小時的重訓
等運動開始

難以維持，
馬上就感到挫折

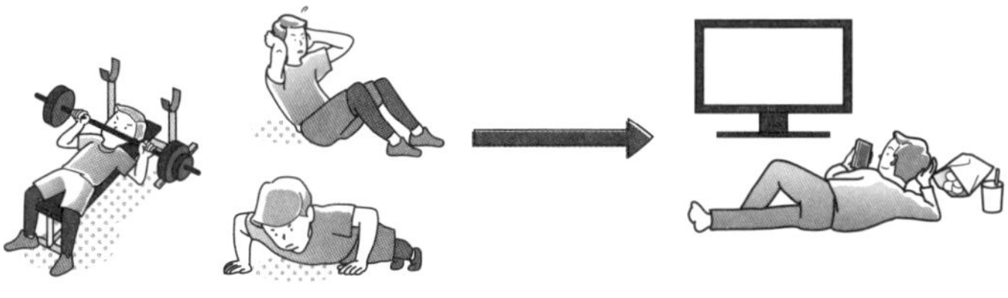

92

增加期待「快走」的努力

利用兩個小巧思，開始期待每天的散步時光

走路是基本的移動方式。大家或許會認為走路沒有好處也沒有壞處，但其實加上一些小巧思，走路不但能預防疾病，還能促進大腦活化。好的走路方式，應該留意「步伐」和「速度」。只要在走路時步伐比平時大一點點，速度也比平時快1.3倍左右即可。透過這樣的巧思，能讓移動的時間瞬間轉化為「輕度運動時間」。不過我有一個建議，那就是應該將手機放進包包中，讓手稍微擺動。一邊看周遭的景色一邊走，心情也會自然變好。若能因此讓每天的移動時間變得稍微有趣一些，以快樂的心情度過每一天就再好不過了。

正確的努力 步伐加大1腳掌的距離，速度為平時的1.3倍

今天也好舒服喔～

【改善人生的走路方式】

步伐比平時加大1個腳掌的距離。
走路的速度為平時的1.3倍。

錯誤的努力 什麼都不想，走路時一邊看手機

真是一成不變…

93 解放壓力
「選擇點心」的努力

堅果是最佳零食

在工作和唸書時，大概在傍晚左右就會開始覺得有點餓。持續餓肚子，累積壓力也不好，因此可以在此時補充一些點心。我建議可以補充果仁和少量的水果。果仁不會使血糖上升，卻能補充維他命和礦物質等，很適合當點心。水果也非常適合用來補充維他命，但由於糖分不少，要注意不要食用過量。最不適合當點心的就是零食和果汁，對身體不好，應盡量避免。

正確的努力　食用果仁等對健康有益的食物

果仁

少量水果

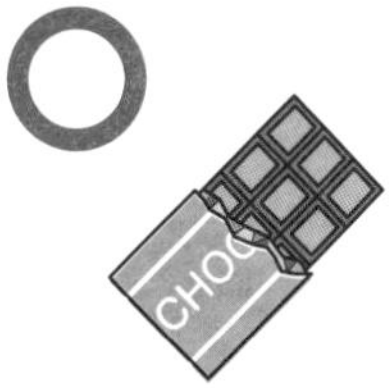

高可可
含量巧克力

錯誤的努力　盡情食用零食和果汁等

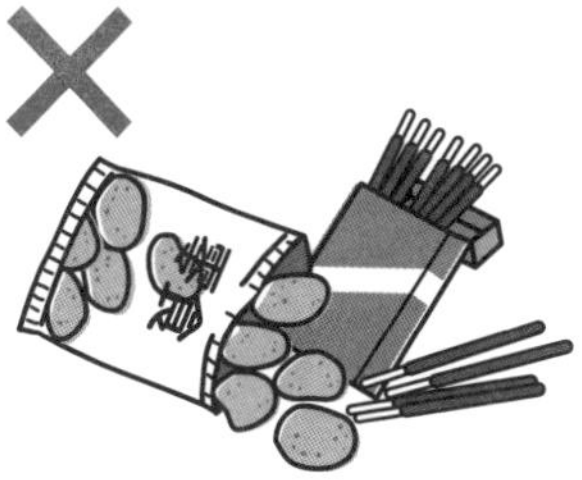

零食

果汁

94 現在就能改變「一鼓作氣整理」的努力

靠整理劃分新的開始

有「我這次一定要改變自己，改變人生」想法的人，建議可以先從「整理房間」開始做起。生活環境會對我們帶來非常強烈的影響，因此若處於和過去相同的環境，很難改變人生。此時透過「整理」轉換心情，將能讓我們成為新的自己。

在整理時，最好能花3個小時一口氣整理完。因為生活習慣其實很難輕易被改變，若只是一次收一點點，很容易馬上就恢復過往的環境，最後什麼都沒改變。因此從決定要改變的瞬間，就一口氣整理乾淨吧。

正確的努力 一口氣整理乾淨，打造整潔的空間

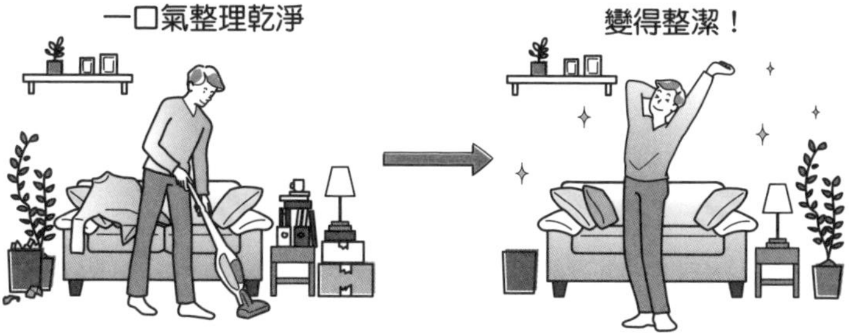
一口氣整理乾淨
變得整潔！

錯誤的努力 等注意到時再整理

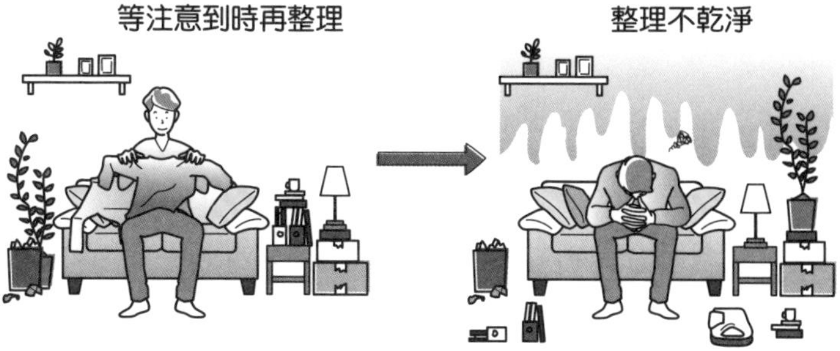
等注意到時再整理
整理不乾淨

95
挑戰自我
「不逃避打掃」的努力

大家不想做的事，其實很有價值

打掃很麻煩對吧？我自己也不是很喜歡打掃。若不用打掃也能維持房間整潔，我絕對不會打掃。雖然有些人喜歡打掃這件事，但我想絕大多數的人都是能避就避。但正因如此，打掃才有其價值。

在這個世界中，充滿了我們不想做的事以及麻煩的事。然而是否能將這些事做好，將意味著我們是怎樣的人。而這些是之中的代表就是「打掃」。當打掃結束後，往往會感到神清氣爽。其他事情亦同。大多數人不想做的事，更具價值。

正確的努力 每天不厭其煩地執行，養成習慣

時常保持整潔狀態
每天早上花10分鐘
打掃廁所

錯誤的努力 只有在注意到時才去做

偶爾整理乾淨
注意到時
再打掃廁所

96 重整身心靈 「假日更要活動」的努力

假日更應該積極活動、重整身心靈

努力工作了一週，終於迎來假日。你是否想著「必須讓身體好好休息」，一整天都在家裡渾渾噩噩地度過呢？但如此一來，將無法有效活用難得的假日。假日更應該多活動，放鬆身心。

不知道大家是否聽過「主動休息」這個詞彙？這是一種一邊活躍地活動，同時讓身心重整的休息方式。透過主動休息，便能改善全身的血液循環，有效率地排出疲勞物質，整頓精神狀態。比起在家懶散地度過，主動休息更能重整身心。

正確的努力 在假日也多活動，讓身心重整

像平時一樣早起 → 從事興趣或運動等，積極活動 → 像平時一樣舒適地就寢 → 休假結束後有好的表現

錯誤的努力 想讓身體好好休息，一整天懶懶散散

假日前熬夜 → 睡到中午左右才醒來 → 一整天都在家裡懶散度過 → 身心狀態無法恢復，感到難受

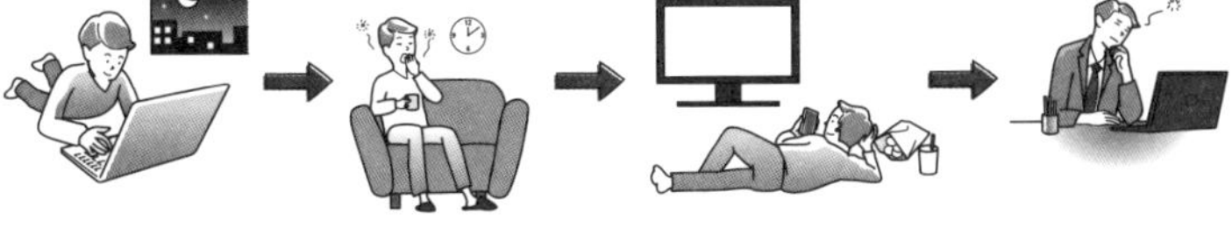

97

獲得學習機會「觀察日常」的努力

任何事物都有讓我們學習的機會

這世上充滿了知識。好比店家會受歡迎一定有其道理。原因除了「食物好吃」，也有可能是「懂得待客之道」、「裝潢漂亮」等等。而在廣告設計方面，也經過專業人士仔細審查，一切的安排都有其道理。在我們習以為常的日常生活中，其實藏著許多學習機會。因此我們應該試著思考「為什麼？」並仔細觀察。光是做到這點，就能以壓倒性的速度快速成長。若老是看手機，會讓我們的學習局限於封閉的世界中。關掉手機，看看這個世界，會讓人生更加速前進喔。

正確的努力　時常抱持疑問，仔細觀察世界並思考

錯誤的努力　雖然會注意到變化，但不曾深刻思考

98

保持身體健康「消除壓力」的努力

用有科學根據的方法消除壓力

為了保持健康，維持好的表現，必須要善於面對「壓力」。也就是我們必須學會排解壓力的方法。

許多人會誤會，認為「做自己喜歡的事，壓力就會自己消失」。例如在週末盡情喝酒等等，但其實這麼做對身心都沒有益處。有時盡情做自己喜歡的事，反而會累積壓力。選擇經科學證明能解除壓力的方式，妥善面對壓力非常重要。首先，應該從多補充知識開始。

正確的努力　實踐有科學根據的壓力排解方法

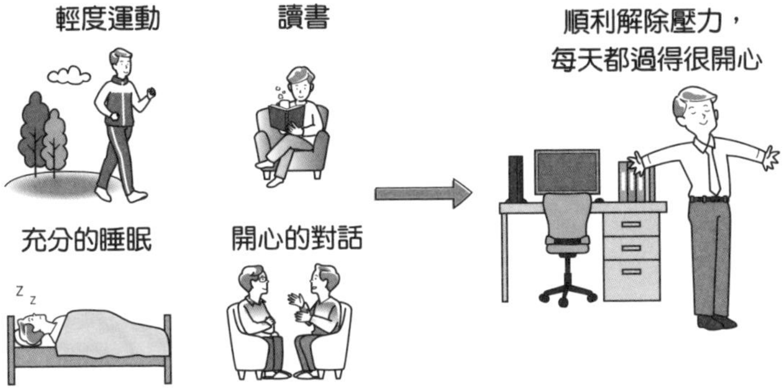
輕度運動
讀書
順利解除壓力，
每天都過得很開心
充分的睡眠
開心的對話

錯誤的努力　一邊喝酒，一邊抱怨

大量飲酒，盡情抱怨
累積壓力，
陷入惡性循環
都是那個主管的錯…

99 讓心安定下來「寫在紙上」的努力

讓不安現形，心情更放鬆

任誰都會感到不安。像是職場上的不安、與家人朋友有關的不安，對未來的不安等各種煩惱。此時不應該只在腦中想像，並試圖自己想辦法解決。因為這麼做會讓我們容易往壞的方向想，反而會遭受更大的不安。感到不安時，可以試著將正在思考的事情視覺化。例如試著將「對什麼感到不安」、「為什麼會感到不安」等等全都寫在紙上。透過用眼睛確認過自己的感受，找出解決方法等等，心情將會輕鬆許多。

正確的努力　將煩惱及不安的事寫在紙上

・對什麼感到不安？
・為什麼會感到不安？
・該怎麼做才會感覺好一些？
不安
寫在紙上
心情放鬆許多

錯誤的努力　一股腦地尋找解決方法，在腦中不斷煩惱

・怎麼辦…
・該怎麼做才好…
不安
只在腦中思考
感到愈來愈不安，
心情沮喪

100

認同自己「自我肯定」的努力

當自我肯定感提升，一切都會順利

「自我肯定感」就是滿足於自己的現狀，認為自己有存在的價值。當自我肯定感降低，就會開始認為「自己沒有價值」，變得悲觀，陷入做什麼都「沒有意義」的錯覺。因此想辦法，不讓自我肯定感過低相當重要。自我肯定感每天有浮動是正常的，重要的是當變低時，仍接受自己。此外，自我肯定感降低的最大原因，就是因為與他人比較，並感到「自己差人一等」。當感到自我肯定感變低時，應遠離手機，專注於自己的專長上。

正確的努力　了解自我肯定感變低，並接納自己

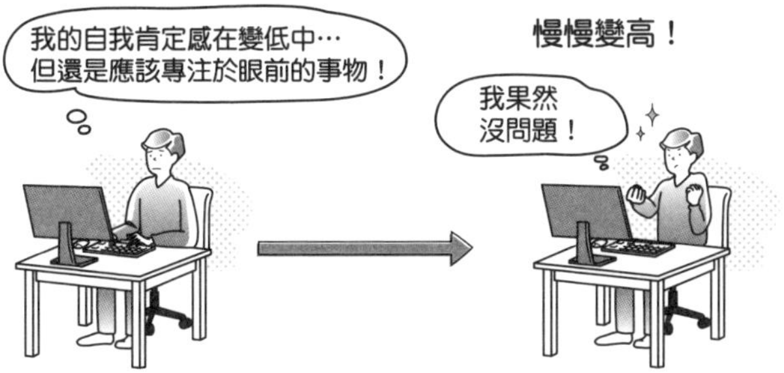
我的自我肯定感在變低中…
但還是應該專注於眼前的事物！
慢慢變高！
我果然
沒問題！

自我肯定感有高有低。接受現在的自己，專注於眼前的事物上！

錯誤的努力　逼自己提高自我肯定感而拼命努力

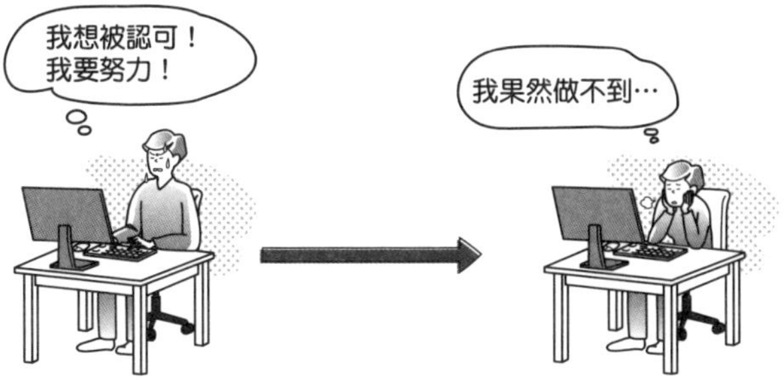
我想被認可！
我要努力！
我果然做不到…

即使拼命努力「想被認同」，仍無法一時之間提升自我肯定感。

沒有努力辦不到的事

只有「想去月球的人」，才能登上月球

關於努力，主要有兩種看法。那就是「沒有努力辦不到的事」的想法，和「有些事情即便努力仍無法實現」的想法。你比較支持哪一種想法呢？

其實這兩種想法都沒有錯。但重要的是**認為「沒有努力辦不到的事」的人，達到目標的機率比較高**。是否認為努力「能讓我們發揮超越原有力量」，是是否能達到遠大目標的關鍵。

人類只能實現真正的想望。能登上月球的，只有「想登上月球」的人才能做到。也就是指那些相信自己有可能登上月球的人。

但多數人總認為「好羨慕那個人有才華喔」、「我才沒辦法〇〇」，遮蔽了自己的可能性。而我認為是否能成就大事，差距正在於出發點上的巨大差異。

只有自己才能夠拓展自己的可能性，也只有自己能限制自己的可能性。無論選擇

什麼道路，沒有人會知道未來的答案。既然如此，選擇相信自己可能性的那條路划算得多。從今天開始，請試著相信自己的可能性。

說到底，「努力」到底是什麼？

現在才提出這個問題或許有點晚，但努力到底是為了什麼呢？大家又有答案嗎？

我認為**努力能讓我們從「現實」飛往「理想中的未來」**。為了填平「對現狀的任何不滿」與「想實現的夢想」之間鴻溝，讓我們獲得更好的未來，具體來說該做的事就是「努力」。

因此，在努力的過程中，應更明確地了解自己嚮往的未來，並且相信自己能夠透過不懈的努力實現目標。

統整前述的內容，你會發現達成夢想其實是一件非常單純的事。

首先，應該相信自己的可能性，並設定你理想中的未來當作目標。

接下來，是找出從現狀到達成目標之間所需要做的努力。

最後，相信透過執行這些努力就能達成目標，並開始努力。

無論夢想是大是小，只要照著這個步驟，一定能成功。

許多人都想達成自己的夢想。但卻總想著「我一定做不到」，限制住自己的可能性。然而**達成夢想其實是件單純的事。任誰都能靠努力，實現自己所描繪的未來**。沒有努力辦不到的事。為了達成夢想，請務必努力挑戰看看。

Column6

不需要努力

若會感到「努力疲勞」，不如不努力

前面和大家聊過了努力這件事，但有一件事我想先告訴大家。那就是不努力也沒關係。努力是為了讓我們的人生變得更好。因此若努力會讓你感到痛苦，那不努力也沒關係。

許多人認為「必須努力才行」，最後反而導致「努力疲勞」。但其實這世界上有許多事即便不需努力，還是能夠享受。**我們不需要逼自己努力，只要在希望更充分享受人生時，做出必要的努力即可**。

每個人心中應該都希望「能得到幸福」、「能過著快樂的人生」。這些願望都屬於人生的終極目標，因此若**努力會讓自己變得不幸，就與原本的目的背道而馳了**。因此只要在希望能透過努力，獲得更大的結果時再努力即可。

努力是讓人生更美好的調味料

對日本人來說，努力給人一種辛苦、痛苦的印象。我想這與日本人將忍耐當作美德的民族性有關。但我個人則希望努力這件事能有更正面的形象。

就像打電動升等是很開心的事一樣，學習、習得，讓自己會的事情變多，使自己成長本應事件快樂的事。而就像我們努力搜集拼圖，並拼成一幅畫後會覺得感動一樣，當我們每天努力累積，獲得豐碩的成果自然會讓人感到開心。

努力是讓人生更有趣、開心、感動的調味料。絕不應該遭到強制、滿腹不情願，甚至是讓人不幸。若是在這種情況下努力，還不如不努力，人生會更加幸福。

未來在做出任何努力時，**應該先判斷做出努力後會有多愉快的未來等著我們，以及付出努力是否會有所改變**。

大家並不需要將本書中所介紹的一百種努力全部實行過。也不需帶著痛苦咬牙做完。從有望改善自己人生的項目開始一點一點試起即可。

一點點的變化，就能讓人生變得比現在更有趣一點。而這樣的積累將會成為一股巨大的能量，讓一切變得樂趣無窮。

希望大家對努力帶有正面的印象，帶著讓人生變得更好的出發點，度過每一天。

故事4 我創立了公司！

三年前，我以個人經營者的身份開了公司。一年半前，我創了株式會社WEBROCKET。一口氣獲得了豐碩的成果。而這個成果，是因「過去的努力」所獲得的。

人生很有趣。由於轉職未果、適應障礙，我在近六年間兩度失業。但我敢說這都是為了現在這個瞬間所做的佈局。

因此現在因失敗感到難受、不順利的人，這些經歷都可能是在佈局三年後的成功。**雖然我們無法改變過去的事實，但我們可以改變整件事的意義**。在成功之前不要放棄。如此一來，總有一天我們就可以說出這一切的艱難，都是為了現在這個成功的自己。我們一起加油吧。

這張照片是從公司所在地橫濱港未來拍的。在我24歲，無業，感到「我的人生完蛋了」，帶著絕望的心情出遊時，偶然經過的地方。而我現在正在這個地方寫「後記」。希望你為了未來所做的努力，都能獲得回報！

後記

謝謝大家讀到最後。

各位覺得《正確努力法：解鎖高效人生的100個關鍵》如何呢？只要實踐，你的人生也會一點一點的變好。

「從教職員轉職失敗↓年薪零圓、無業↓年薪兩百二十萬日圓、市政府兼職員工↓年薪三百八十萬日圓、獨立行政法人正職員工（行政職）↓創業個體經營↓年業績數千萬日圓的法人經營者」熟讀千本以上的商務書籍，並加以實踐，並得以更上一層樓。

我其實只是個凡人，因此無論翻到哪一頁，這些方法應該都不會太過困難。各位也都能立刻做到，從今天起請一天嘗試一個方法，約莫三個月就能全部實踐。

走到今天，我理解到一件事情。那就是成功並沒有祕技。如本書中所說，我只是讀了誰都能買到的商業書籍，並持續做「讓現在的人生稍微好轉的努力」，才走到了這一天。在一路上我能遇到願意一起工作的優秀夥伴，確實是我的幸運，但運氣成分也僅止於此。

人生會發生什麼事，真的沒有人說得準。這代表無論是我的人生，還是你的人生，都潛藏著無限的可能性。

回顧這幾年，我發現比起此刻身在何處，是否有為了未來而累積才是最重要的。為了度過快樂的人生，請試著實踐這些小小的努力。

最後，我想傳達一件事。**我想應該有許多人，都感到「再怎麼努力都沒有加薪」、「主管的失誤變成了我的失誤」、「明明拼命工作，卻仍因收入太低而對未來感到不安」吧**。幾年前的我也是如此。問題或許出在這個明明努力，卻無法獲得回報的社會結構。

「我想改變日本的現狀，但社會並無法如此輕易就被改變。」所以我決定從自己做得到的事情開始著手。透過X（Twitter）和書籍傳達努力的方式，慢慢增加努力能確實獲得回報的人。而那些人也將把這些理念傳給周遭的人，讓努力便能得到回報的效應發生，一點一點地改變社會。若讀完本書後的你，努力獲得了回報，希望你也能將這些想法和成功經驗傳遞給身旁的人，打造一個努力者不會吃虧的社會。一起加油吧。

株式会社WEBROCKET代表董事　野村礼雄

書籍設計／上坊菜菜子
DTP／向阪伸一・岡田貴正（ニシエ芸）
插圖／是村ゆかり
協助編輯／平井薫子
校正／玄冬書林

●作者簡介

野村礼雄

株式會社WEBROCKET代表董事社長

1992年出生於岐阜縣。2015年自愛知教育大學教育學系畢業。畢業後成為高中數學老師，但因無法負荷繁重的工作而在23歲離職。試著轉職卻仍失敗，陷入零收入的失業困境。雖然有嘗試擔任遊戲實況主等工作，也紛紛以失敗作收，耗盡存款。後來一天讀書15個小時，努力準備公務員考試，成為市政府兼職員工，年薪為220萬日圓。24歲時，為追求更穩定的收入，應徵獨立行政法人的正職員工，最後以候補錄取，年薪變成四百萬左右日圓。26歲，披星戴月的工作讓他不堪壓力，罹患適應障礙。由於無法出家門一步，也無法工作，再度失業零收入。27歲，職涯轉換為個體經營，開始從事網路行銷及教育業。同時在X（Twitter）推廣努力、早起、讀書的訣竅。開設六個月便達到萬人追蹤，每年業績超過一千萬日圓。28歲，創立「株式　社WEBROCKET」，以代操X（Twitter）帳號、顧問、製作分析報告為主要工作。在營運第一期年營業額便達到三千萬日圓。第二期則有望達到一億日圓。29歲，以X（Twitter）行銷技巧為號招，創立月費5500日圓的網路社群「Growth Room」。正式釋出三個月，總會員數就超過四百名。X（Twitter）追蹤總數達18萬人（2024年10月）。以「創造能讓任何人的努力都得到回報的社會」為目標，招募與自己價值觀相同的夥伴中。著作包括五刷的《Twitter集客のツボ98》。

正確努力法

解鎖高效人生的100個關鍵

出　　版／楓書坊文化出版社
地　　址／新北市板橋區信義路163巷3號10樓
郵政劃撥／19907596 楓書坊文化出版社
網　　址／www.maplebook.com.tw
電　　話／02-2957-6096
傳　　真／02-2957-6435
作　　者／野村礼雄
翻　　譯／李婉寧
責任編輯／吳婕妤
內文排版／楊亞容
港澳經銷／泛華發行代理有限公司
定　　價／360元
出版日期／2025年1月

國家圖書館出版品預行編目資料

正確努力法：解鎖高效人生的100個關鍵／野村礼雄作；李婉寧譯. -- 初版. -- 新北市：楓書坊文化出版社, 2025.1　面；　公分
ISBN 978-626-7548-34-9（平裝）
1. 自我實現 2. 成功法
177.2　　113018287